图说名人

《图说名人》编委会　编著

达尔文

发现物种起源

Daerwen
Faxian Wuzhong Qiyuan

南海出版公司

图书在版编目（CIP）数据

发现物种起源——达尔文 / 《图说名人》编委会编
著. -- 海口：南海出版公司，2015.9（2022.3重印）
ISBN 978-7-5442-7944-4

Ⅰ．①发… Ⅱ．①图… Ⅲ．①达尔文，C．（1809~
1882）－传记 Ⅳ．①K835.616.15

中国版本图书馆CIP数据核字（2015）第204888号

FAXIAN WUZHONG QIYUAN——DAERWEN

发现物种起源——达尔文

编　　著	《图说名人》编委会	
责任编辑	张爱国　王梅	
出版发行	南海出版公司　电话：（0898）66568511（出版）	
	（0898）65350227（发行）	
社　　址	海南省海口市海秀中路51号星华大厦五楼　　邮编：570206	
电子信箱	nhpublishing@163.com	
经　　销	新华书店	
印　　刷	永清县晔盛亚胶印有限公司	
开　　本	787毫米×1092毫米　1/16	
印　　张	7	
字　　数	80千	
版　　次	2015年12月第1版　　2022年3月第2次印刷	
书　　号	ISBN 978-7-5442-7944-4	
定　　价	36.00元	

查尔斯·罗伯特·达尔文（Charles Robert Darwin，1809.2.12—1882.4.19），英国博物学家，进化论奠基人，被誉为"进化论的始祖"。

1809年2月12日，达尔文出生在英国的什鲁斯伯里。由于父亲是当地的名医，因此家里希望达尔文将来继承父业，达尔文16岁时便被父亲送到爱丁堡大学学医。

达尔文天性热爱大自然，对打猎、采集矿物和动植物标本尤为喜欢。进入医学院后，他仍然经常到野外采集动植物标本。基于此，父亲认为他整天"游手好闲、不务正业"，一怒之下，在1828年又送他到剑桥大学，改学神学，希望他将来成为一个"尊贵的牧师"。达尔文并无心听取神学教导，他仍然花费大部分时间听自然科学讲座，并且自学大量的自然科学书籍。对于甲虫等动植物标本的收集，使得达尔文对神秘的大自然充满了浓厚的兴趣。

1831年，达尔文毕业于剑桥大学。他热衷于自己的自然科学研究，毅然放弃了待遇丰厚的牧师职业。同年12月，他自费乘坐"贝格尔"号环球考察船，途经太平洋、澳大利亚、印度洋、好望角，于1836年10月回到英国。在历时五年的环球考察中，达尔文积累了大量的资料。回国之后，他一面整理这些资料，一面又深入实践，同时，查阅大量书籍，为他的生物进化理论寻找根据。1842年，他第一次写出《物种起源》的简要提纲。1859年11月，达尔文经过二十多年研究而写成的第一部科学巨著《物种起源》终于出版了。

达尔文是一位杰出的科学家，他划时代的贡献为人类生物科学事业的发展开辟了新的广阔天地。1882年4月19日，这位伟大的科学家因病逝世，人们把他的遗体安葬在牛顿的墓旁，以表达对这位伟大科学家的敬仰。

目录

   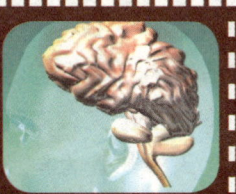 

"不可救药"的孩子

7

探索自然的奥秘

17

重返故里伦敦

关于达尔文理论

知识分子的后裔

塞文河是英国最长的河流，全长338千米。它曲折蜿蜒，流淌在英国的大地上。当它流到距离伦敦220千米、西海岸约100千米的地方，遇到了一座小山。它伸展开自己的臂膀，一把将小山揽在自己的臂弯里。古城什鲁斯伯里，就是在这个河湾里孕育、发展起来的。

※塞文河

"不可救药" 的孩子

◇ 图 说 名 人 ◇

名人名言

乐观是希望的明灯，它指引着你从危险峡谷中步向坦途，使你得到新的生命、新的希望，支持着你的理想永不泯灭。

——达尔文

※达尔文故居

1809年2月12日，伟大的查尔斯·罗伯特·达尔文就出生于这个古城什鲁斯伯里。达尔文是家里的第五个孩子。达尔文所出生的家庭是一个高级知识分子家庭，祖父伊拉兹马斯·达尔文是英国著名的博物学家和医学家。

达尔文的父亲罗伯特·瓦尔宁·达尔文是知名学府爱丁堡大学医学院的毕业生，是当地著名的医学博士，他颇有成就，很受人尊敬，在当地很有名望。

达尔文的母亲苏珊娜出身富家，是一位有名的陶工的女儿。达尔文8岁时，他的母亲病逝了，这是他在人生道路上第一次遭到的沉重打击。

达尔文有一个哥哥和四个姐妹，在兄弟姐妹中，达尔文受二姐和哥哥的影响最大。二姐卡罗琳是个爱管事的小大人。达尔文每次在上学校前，她都事先在家中给达尔文预备功课。可是卡罗琳有时会显得热心过度，她时常想要纠正达尔文的脾气。因此，几十年后，达尔文还记忆犹新：小时候，当他每次想进二姐的房间时，总不禁会在心中盘算："她现在又要来数落我什么错处呢？"

达尔文的哥哥伊拉兹莫斯的爱好十分广泛。他不仅对文学、艺术，甚至对各门自然科学都有极大

的兴趣。正当达尔文中学快毕业的时候，伊拉兹莫斯又着迷于研究化学。为了做化学试验，伊拉兹莫斯在花园的工具储藏间中，建立了一个很不错的实验室，还配备了专用的仪器装置。受哥哥爱好的影响，达尔文也对化学问题产生了浓厚的兴趣，他经常和哥哥一起做化学实验，直到深夜。他们制出了各种气体和很多化合物。达尔文还认真地阅读了几本化学书籍，以至于他感到"这是自己在中学时代受到的最良好的教育"。

达尔文全家所住的红房子是达尔文的父亲在1800年建起来的。在达尔文家这幢依山傍水的楼房

边，有一个种满了各种花草和果木的花园，花园里有一个非常好看的暖花房，一条弯弯曲曲的小路穿过峭壁通向远方。人们把这条由达尔文的父亲罗伯特·瓦尔宁·达尔文医生和来这里求医的人们踏出来的小路叫作"医生路"。路旁的一棵栗树，树枝相互平行地弯曲着，这棵树是达尔文小时候的最爱。他和他的妹妹凯瑟琳经常在树上玩耍，在这里他们都有自己固定的"座位"，这里就是达尔文的乐园，就是达尔文玩耍的小天地。因此，达尔文从小就非常喜欢接近大自然，这也为达尔文之后的发展道路奠定了一定的基础。

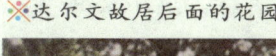
※达尔文故居后面的花园

童年的独特喜好

由于达尔文家庭条件的优越性，因此他一出生就过着衣食无忧的快乐生活。达尔文的父亲是一名优秀的医生，他希望达尔文也能够有一技之长，所以，自从达尔文诞生之日起，达尔文父亲的脑海里唯一的问题就是：达尔文长大了干哪一行？

父亲认定，他的儿子也许可以成为一个好医生。学医毕竟是家庭的传统，而达尔文的哥哥伊拉兹莫斯早已在爱丁堡大学学习医学。达尔文父亲希望达尔文能够好好学习，长大后能够成为一名优秀的医生，并且期望达尔文能继承自己的事业。可是达尔文从小就不是一个人见人爱的乖孩子，而是一个调皮捣蛋、人人见了都脑袋发胀的小家伙。他整天在外面撒野，要么跑到森林深处的池塘里抓蝌蚪，要么就坐在小河边望着钓鱼的人们痴痴地发呆。父亲总是认为达尔文是个没有出息的人。因此父亲在绝望之中对他说："你除了打猎、养狗、抓老鼠以外，无所事事。这样下去，会给自己及全家人丢脸。"

在达尔文6岁的时候，有一天母亲带他到城市公园去玩耍。正巧这一天公园里举行义务栽树活动，母亲就带着小达尔文领了一把铁锹去挖坑栽树。

达尔文还拿不动铁锹，母亲就让他用双手扶着树苗，自己给树苗挖坑培土。这个时候达尔文很好奇地问母亲："妈妈，你为什么要给树苗培土？"

"我想要树苗像你一样茁壮成长，因为泥土就是树苗生长的基础。"

"妈妈，那泥土为什么长不出小猫小狗呢？"

"小猫小狗是它们的妈妈生的，不是从泥土里长出来的。"

"人最早的妈妈是谁呢？她又是谁生的呢？"

"听说最早的妈妈是夏娃，不过我只知道圣母玛丽亚。"

"那么，夏娃和玛丽亚是谁造的？"

"上帝造的。"

"那么，上帝是谁造的？"

妈妈注视着面前这个闪着一双好奇的眼睛、执意探问的儿子说："亲爱的孩子，世界上有很多事情对于我们来说还是一个谜。妈妈希望你长大以后好好学习，自己去寻找答案。做一个有出息、有学问的人。"

幼小的达尔文似乎听懂了妈妈的话，又似乎没有听懂，若有所思。

当时这对母子的对话，不论有没有其他人在场，一定没有人会想到，这段对话正是一个科学家开始思考的发端，是一个科学家探索未知世界的启蒙。这个孩子就是后来创立了进化论的伟大的科学家！

毫无疑问，达尔文是个聪明的孩子。6岁时的他的幼小心灵里就已经对身边的世界充满了疑问。

在7岁时，达尔文喜欢搜集植物、昆虫以及硬币、图章、贝壳和化石，自己在家里做化学实验。

之后，达尔文被送进当地一所私立小学，教员只有一名牧师，教材就是《圣经》。达尔文不爱听《圣经》，却喜欢看《鲁滨孙漂流记》《世界奇观》等儿童读物，

※《圣经》

喜欢收集各种植物、贝壳、化石等标本，显露出对博物学的浓厚兴趣。后来，他又被送进一所中学。在中学读书时，他很喜欢荷马、贺拉斯、莎士比亚、拜伦、雪莱等诗人。他读这些诗人的诗篇时总是感到有"无限的乐趣"。达尔文特别喜爱雪莱的作品。当时，雪莱是英国、欧洲乃至全世界最进步的革命诗人。达尔文天天埋头阅读和背诵雪莱的诗篇，竟遭到负责全校学生宗教事务的教士的严厉指责。有一次，这个教士教训达尔文说："雪莱是一个不信上帝、不敬国王、不爱祖国、诽谤政府、煽动造反的狂人！是疯子！如果在16世纪，他一定会像布鲁诺一样被活活烧死！对你来说，亡羊补牢，犹未为晚。"并威吓达尔文说："你要是坚持错误，我就向校长建议，把你开除！"

面对"开除"的威胁，达尔文根本不放在心上，因为他早已对这所学校死板、陈旧的教学方法深表不满，甚至想要自动离校。但是教士开除达尔文的建议，被校长巴特勒否定了。

达尔文并不满足于抄写和背诵一些诗歌。他从小就酷爱自然科学，喜欢思考。他不喜欢一潭死水般的学校生活，于是请了一位家庭

教师教他几何学。他还怀着极大的兴趣阅读了不少自然科学著作，特别是吉尔伯特·怀特的《自然史和赛尔波恩地区的考古研究》，使他对观察鸟类习性产生了极大兴趣，促使他对附近各种鸟类进行了许多详细的观察，并作了记录。达尔文的这些正当兴趣和爱好，非但没能得到应有的支持和鼓励，反而被他父亲和巴特勒校长视为游手好闲，浪费时间，不务正业，认为他"是一个平庸的孩子，远在普通人的智力水平之下"。

尽管许多人都在批评达尔文，但是达尔文并不在乎这些，他依旧做自己喜欢做的事情。除了拉丁文，达尔文也非常欣赏英格兰的乡镇

生活。当他有机会逃学时，他就整天在树林子里闲逛来打发日子。他喜欢采集像岩石、昆虫等这些玩意儿。他还喜欢养狗、种花草、钓鱼。

达尔文平时十分喜欢喂鸽子，鸽子的屎拉满了院子，有一次竟然拉到了父亲的头顶上。诸如此类的事情令达尔文的父亲非常恼火，他多次训斥达尔文说："你成天游手好闲，东游西逛，以后怎么办？你为什么不好好学习，把我这个事业继承下来呢？"

当达尔文中学即将毕业时，他的哥哥正在钻研化学研究。兄弟二人在父亲花园的工具棚里布置了一间"实验室"，经常在这里做些化学实验。为此，又遭到巴特勒校长的严厉训斥，尽管达尔文再三解释，但无济于事。不久，巴特勒又当着全校师生的面教训达尔文，说他是一个"不可救药"的学生。

※年轻的达尔文

特别的学业生涯

在1825年10月，达尔文按照父亲的意愿进入爱丁堡大学学习医学。开始，他对爱丁堡大学充满了幻想，希望好好学习。父亲很是欣慰，达尔文总算有机会子承父业了。父亲希望达尔文将来能像他自己那样，既精通医学又懂得生物学。可是，父亲的这一愿望终归还是破灭了。大学期间，达尔文并没有像父亲期望的那样好好学习医学，他结识了高年级研究水生生物的学生罗伯特·格兰特和约翰·科尔斯特里姆。他们都有共同的厌恶与喜好，都对医学不感兴趣，却热衷于水生生物的研究。所以他们经常到海边采集海生动物标本，并且和这一带的渔民交上了朋友，有时，还登上渔船帮助渔民捕捞鱼虾和牡蛎。

这些有趣的活动，使达尔文在童年时代对生物学的热情又复活了。这期间，达尔文对生物学表现出了高度的热情和认真的态度，他积极参加普林尼学生自然史学会的工作以

※爱丁堡大学校标

及会议，而且达尔文几乎每场都必到会议进行发言。其中有一次，他就自然分类问题和种类特征问题进行了发言。1827年3月27日，达尔文在普林尼学会上做了有关观察海洋生物的两项报告。

他居然在简陋的显微镜下发现了前人的两个错误：一个是板枝介的幼虫，被前人误认为是借着鞭毛独立运动的板枝介卵；另一个是海蛭的卵衣，被前人误认为是墨角藻幼年期的球状体。他把这两项发现写成了科学论文，初步显示出了他在生物学研究方面的才华。由此，他正式当选为"普林尼学会"（这是爱丁堡大学一个主要研究自然科学的学生组织）的书记。同学们的好评以及朋友们的鼓励，使达尔文研究生物学的热情更高了。

在当时，达尔文学的几门课程，除了托马斯·霍普教授的化学课讲得比较生动外，其他的课全都讲得枯燥乏味。许多教师"填鸭式"的教学方法严重束缚了学生的思想。再有，医学课程的内容甚至比拉丁文还要枯燥无味。达尔文上爱丁堡大学后，亲眼看到一些病人在经过治疗以后，仍然痛苦地死去了，而医生却在一旁束手无策；甚至，医院竟把许多交不起医疗费的病人拒之门外。对此，他不理解医

学为什么不能减轻病人的痛苦；更不明白医学这样崇高的职业，为什么也被金钱所左右。

达尔文的天赋也非常不适合学医，他一看到病人流血就恶心呕吐。特别是在上大学二年级时，达尔文进过一次解剖室，解剖台上陈放的尸体虽经处理，仍旧发出难闻的气味，使他恶心不止。达尔文畏惧解剖尸体，而解剖学是医学方面最起码的专业知识。并且当他知道这些尸体都是在爱丁堡济贫院度过余生的穷人时，就再也无法忍受了。医院的日常工作使他厌恶。最使他反感的是做手术。在那个时代，做手术简直像做噩梦，病人的尖叫，满身血污，极度的痛苦……达尔文在手术室里上过两堂这种可怕的课后就再也没有去过。此后，他对学医的选择渐渐地动摇了。他把自己的苦恼坦诚地告诉父亲以后，痛心疾首的父亲彻夜不眠，最后眼睛红红地告诉儿子说："孩子，走你自己的路吧，我尊重你的选择。"

1827年秋天，达尔文回到家里。

年逾花甲的父亲就要退休了。看到小儿子不想学医，却热衷于打猎和采集标本，原来打算让他继承自己事业的计划不能实现了，不由

得恼怒万分，他决定送达尔文去剑桥大学学习神学。达尔文对父亲的这个决定感到非常突然，他小心翼翼地提出了反对意见，但遭到拒绝。

老父亲的理由极其简单："孩子，读书是为了谋职，而神学院的学生特别容易找到工作，尤其是剑桥一类的名牌大学学生。"而且，达尔文的舅舅乔赛亚·韦奇伍德也极力地开导他："学好神学，当上了牧师，你对生物学的爱好还是可以坚持下去的。比如哥白尼、布鲁诺、康帕内拉、牛顿，还有剑桥

大学教授塞奇威克都学习、研究过神学，有的还担任过圣职。不过我希望你像哥白尼、布鲁诺和康帕内拉那样，从神学走向科学；而不是像牛顿那样，从科学走向神学。"达尔文听说哥白尼、布鲁诺等伟人都学过神学，而且从神学走向了科学，心想自己也可以走这条路。

1828年1月，达尔文正式进入剑桥大学神学院学习。达尔文虽然从小热爱文学和科学，对神学没有什么兴趣，但他毕竟还是个阅历不深、知识不多的青年，加上无孔不入的神学势力的影响，达尔文一度又产生了做一位乡村牧师的想

※为纪念达尔文发行的邮票

CHARLES DARWIN 1809 - 1882

THE ORIGIN OF SPECIES

BY MEANS OF NATURAL SELECTION,

PRESERVATION OF FAVOURED RACES IN THE STRUGGLE FOR LIFE.

By CHARLES DARWIN, M.A.

ITALIA

€ 0.65

I.P.Z.S. S.p.A. · ROMA · 2009

C. BRUSCAGLIA

法。他仔细地阅读了约翰·皮尔逊的《论教义》，佩利的《基督教教义证验论》《自然神学》等神学著作。由于学习努力，达尔文在神学考试中竟然成绩优良，名列前茅。

然而，日久天长，达尔文在神学院的学业开始退步。他的兴趣特别广泛，先是迷上了打猎，后来又迷上了地质学和植物学，后来达尔文本人也承认说："在剑桥的三年是完全浪费了。"神学院的那种单调枯燥的学习内容，以及一日三次、天天重复的祷告仪式使他越来越厌烦。于是，他把大部分时间用在阅读自然科学书籍以及到野外采集标本的活动上，对神学的兴趣日趋淡薄了。

※哥白尼

11

剑桥大学简介

剑桥大学成立于1209年，最早是由一批为躲避殴斗而从牛津大学逃离出来的学者建立的。

亨利三世国王在1231年授予剑桥大学教学垄断权。剑桥大学和牛津大学齐名为英国的两所最优秀的大学，被合称为"Oxbridge"。剑桥大学是世界十大学府之一，有81位诺贝尔奖得主出自此校。剑桥大学还是英国的名校联盟"罗素集团"和欧洲的大学联盟科英布拉集团的成员。

剑桥大学所处的剑桥是一个拥有10万居民的英格兰小镇，距英国首都伦敦不到100千米。这个小镇有一条河流穿过，被命名为"剑河"（也译作"康河"）。早在公元前43年，古罗马士兵就驻扎在剑河边，后来还在剑河上建起了一座大桥，这样，河名和桥加在一起，就构成了剑桥这一地名。剑桥大学绝大多数的学院、研究所、图书馆和实验室都在这个镇上，此外还有20多所教堂。

※ 美丽的剑桥大学

剑桥大学一共有31个学院，有三个女子学院，两个专门的研究生院。各学院历史背景不同，实行独特的学院制。风格各异的学院经济上自负盈亏；剑桥大学负责生源规划和教学工作，各学院内部录取步骤各异，每个学院在某种程度上就像一个微型大学，有自己的校规校纪。剑桥大学的第一所学院彼得学院于1284年建立，其他的学院在14世纪和15世纪陆续建立。

剑桥大学的许多地方保留着中世纪以来的风貌，到处可见几百年来不断按原样精心维修的古城建筑，许多校舍的门廊、墙壁上仍然装饰着古朴庄严的塑像和印章，高大的染色玻璃窗像一幅幅瑰丽的画面。剑桥大学有教师(教授、副教授、讲师)1000余名，另外还有6000余名访问学者。剑桥大学共有学生16900名，其中包括6935名研究生（72%的研究生来自其他大学，研究生中42%是国外留学生，女生占36%）。

剑桥大学的学生参与多种业余活动，其中划船是最流行的体育运动。剑桥大学各学院间经常比赛，而且剑桥大学每年都会与牛津大学举行划船比赛。各学院间还举行其他各种体育比赛，包括橄榄球、板球、国际象棋等。

剑桥大学在世界品牌实验室编制的2012年度《世界品牌500强》排行榜中名列第三十六。

※剑桥大学标志

与小动物的接触

　　达尔文小时候十分热爱大自然，他把大自然当成自己的课堂。达尔文每天都喜欢到树林里散步，呼吸一下新鲜空气。就是在休息的时候，他也不忘记进行研究，还要认真观察花草树木是怎么生长的，鸟兽虫鱼是怎样生活的。他有时也去掏鸟蛋，但这并不是淘气，他每次只掏一个，目的只是想看看鸟蛋是怎样孵出鸟来的。

　　1828年的一天，达尔文又到树林里观察昆虫。他在一棵很粗很粗的大树上发现了两只昆虫，样子非常古怪，他从来也没有见过，就轻手轻脚地走近树旁，悄悄伸出两只手，紧张地屏住气，正好一手抓住一只。这时，忽然飞过来一只长着透明翅膀的黑色飞虫，他想伸出右手去抓，发觉右手有一只虫，赶忙又伸出左手，但左手也有一只虫。他实在舍不得扔下手中的虫子，而眼看那只飞虫就要飞走了，他一时慌乱，一下子就把右手的虫子塞进了嘴里。

　　那只黑色虫子被他捉住了。这时达尔文的嘴里却又辣又苦，他还是紧闭着嘴唇，原来那只虫子不但能分泌一种苦涩辛辣的液体，还在他嘴里欢蹦乱跳地跳着舞。他这才想起口中的昆虫，于

※各种昆虫都是达尔文的"挚爱"

※松　鼠

是张口把它吐到手里。然后，不顾口中的疼痛，得意洋洋地向市内的剑桥大学走去。后来，人们为了纪念他首先发现的这种昆虫，就把它命名为"达尔文"。

尽管达尔文常做些出人意料的事，但后来他的家人都非常支持他，从不干涉他。他们有时甚至帮他喂养那些他从大自然中找回的各种小动物。

有一次，达尔文在仰头观察时，发现树上有几只小鸟，为了不惊动它们，他一动不动地在树下站了很久。一只小松鼠大概以为他是一根木桩，顺着他的腿爬上了他的肩膀，左看看，右看看，还觉得挺好玩。树上的松鼠妈妈可急坏了，它叽叽地叫着，好像是警告小松鼠："孩子快离开那儿，你看错了，那不是树桩是个人呀！"松鼠妈妈其实根本不用担心，因为达尔文非常爱各种小动物，绝不会伤害小松鼠的。

正是这样，达尔文不但体验到了融入大自然的乐趣，还发现了一些小动物的生活规律，因此得到了更多的资料。

伯乐的良好引导

在剑桥大学神学院的几年里，达尔文学习神学浪费了他许多宝贵的时间，尽管如此，达尔文还是有很大收获的。在上学期间，他结识了许多著名的博物学家，参观了各种有关自然史的机构和其他许多博物学家集聚的地方，并且访问了许多皇家学院、林耐学会和动物园。他当时最大的兴趣仍是收集各种昆虫。当时达尔文创造出了一些收集昆虫的新方法：专门雇用一个人从老树上刮藓苔，再把刮下来的藓苔装进一只口袋里，或者把运芦苇的驳船船

※从老树上刮取苔藓是达尔文创造的收集昆虫的方法之一

◇ 图说名人 ◇

名人名言

我既没有突出的理解力，也没有过人的机智。只是在觉察那些稍纵即逝的事物并对其进行精细观察的能力上，我可能在普通人之上。

——达尔文

※金凤蝶

底上的垃圾扫在一起。通过这些方法，达尔文找到了一些罕见稀有的新品种。

同时，在剑桥大学神学院期间，发生了对他"整个一生影响最大的一件事"，这就是结识了亨斯洛教授。

剑桥大学同其他大学一样，除了必修课外，还开设了一些公共课。例如，塞治威克教授的地质课，对于这一门课达尔文虽然很感兴趣，但是他常去听亨斯洛的植物学课。亨斯洛是剑桥大学著名的矿物学和植物学教授。在亨斯洛的讲课中，他尤其喜欢亨斯洛清楚的叙述和美妙的图解。早在达尔文上剑桥大学之前，他的哥哥就评价当时才32岁的亨斯洛是一位知识非常渊博的植物学家。亨斯洛有时会带着学生和同事们一起去徒步旅行，他们会乘车或坐船顺流而下去比较远的地方。亨斯洛像孩子一样常和他们逗乐，他觉得那些怎么也捕捉不住金凤蝶的人或陷于沼泽地里的人特别好笑。有时候，他会在旅行途中停下来，即兴就一些比较罕见的植物或动物接连讲好几节课。无论是对于植物、动物还是化石，亨斯洛都能够做到这一点。

在上剑桥大学期间，年轻的学生和年长的职员还要每周在亨斯洛那里聚会一次。这种博物学家们碰面的聚会，在剑桥起到了与伦敦的那些科学协会一样的作用。这些无拘无束的集会，后来成为在剑桥建立的雷耶夫协会的核心。

许多达尔文的同龄人以及那些比他年长许多的人都对他产生了好感，其原因就是达尔文有很多优点。大家都对他热爱自然的那种热情，特别是对他那活泼而又诚挚的性格和反应灵敏的大脑十分敬佩。这样，亨斯洛很快就和达尔文亲近起来，所以达尔文在剑桥的最后几年中，他们几乎每天都一道散步。难怪人们后来都这样谈论达尔文："他就是那个常同亨斯洛一道散步的人。"这种深厚的友谊对达尔文以后的人生起了不可磨灭的作用，

※龙血树

它在一定程度上决定了达尔文后来进行的环球旅行。亨斯洛不仅乐意教授达尔文植物学、昆虫学、地质学、矿物学和化学方面的渊博知识，还能在精神上给达尔文以良好的引导作用。在亨斯洛那儿举行的植物学家的聚会上，达尔文又结识了许多学者、专家和知名人士，并从他们那儿学到了许多自然科学知识和进行科学考察的技能，所有的这些都对达尔文的成长起到了促进作用。

在此期间，有两本书对达尔文产生了很大的影响，分别是天文学家约翰·赫瑟尔的《自然哲学的初步研究》和亚历山大·冯·洪堡的《美洲旅行记》。

《自然哲学的初步研究》激起了达尔文"用菲薄的力量为建立自然科学的大厦作一点贡献"；而《美洲旅行记》对群岛和火山的艺术性描写很精彩。达尔文兴奋地读了这部旅行记的第一卷。书中还记述了长满海枣树、椰子树、龙血树的西海岸风景。亚历山大·冯·洪堡用很多篇幅描写龙血树，说它青春永驻——每年都开花结果。

达尔文高度评价了亚历山大·冯·洪堡的《美洲旅行记》和约翰·赫瑟尔的《自然哲学的初步研究》，这两本书对他产生了巨大

的影响。此外，他在一次游览中还给亨斯洛、拉姆塞和道兹读过洪堡对特纳里夫岛的描写，这段描写也是因为早些时候有人想去那里而详写的。达尔文说，他们只是说说而已，而他却是真心实意想去的。他曾经很想和一位伦敦商人认识，以便问他如何到达那里。

读完《美洲旅行记》后，达尔文希望自己能够尽快见到龙血树，因为这种稀有树种对研究植物学有很大的作用。但由于种种原因，这项计划未能实现。

根据他的一位同学沃特金斯回忆，达尔文还对洪堡的热带雨林的描述大为赞赏，并和他就巴西风景和热带植物，如藤本植物和兰科植物以及其他植物进行了长时间有趣的交谈。

在亨斯洛的影响下，达尔文决定研究地质学。他甚至很难得地自制了一张彩色的什鲁斯伯里各地的地质图。他在一封信中描述了他研究英国地质学书籍的结论："使我感到惊讶的是，我们对地球结构的认识竟然这么肤浅。"亨斯洛很欣赏达尔文的敬业精神，所以请求地质学家塞治威克到北威尔士考察时带上达尔文。

达尔文自从结识了亨斯洛教授，对科学的热情便再次迸发出来。不久，达尔文选修了亨斯洛教授的植物学课，亨斯洛教授经常带着学生去近郊采集标本，每学期还要长途步行到某种稀有植物的产地去采集标本，他把整个大自然当作课堂。把旅途中接触到的每一种新奇的动植物和每一块有特点的地层都当成教材，生动地向学生传授知识。事实表明：正是亨斯洛这样的"伯乐"，发现和培养了有志向、有才华的达尔文，使他成为伟大的科学家。

1831年夏天，达尔文经亨斯洛教授介绍，跟随塞治威克教授去北威尔士考察那里的古岩层。这次旅行使他学会了如何发掘和鉴定化石，掌握了如何理解一个地方的地质的科学方法。

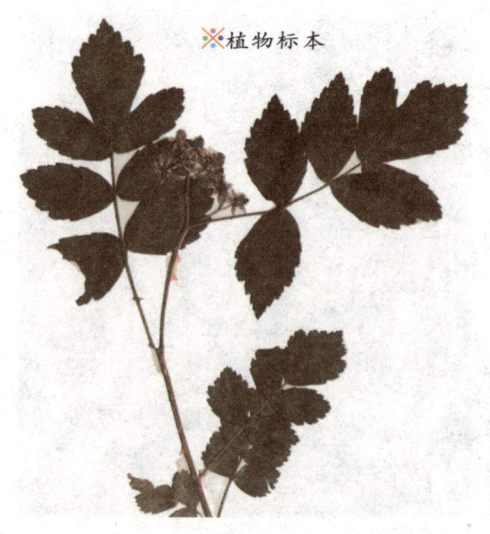

❋植物标本

"贝格尔"号出海

在 22岁时，达尔文以博物学家的身份，自费登上"贝格尔"号旅行船，开始了漫长而又艰苦的环球考察活动，进行了五年的漫长的自然探索生涯。

"贝格尔"号以每小时13—15千米的速度飞速前进。达尔文算是平安地度过了第一个晚上。他同斯托克斯合住一个船舱，尽管光线很充足，除了船

※ "贝格尔"号航行线路

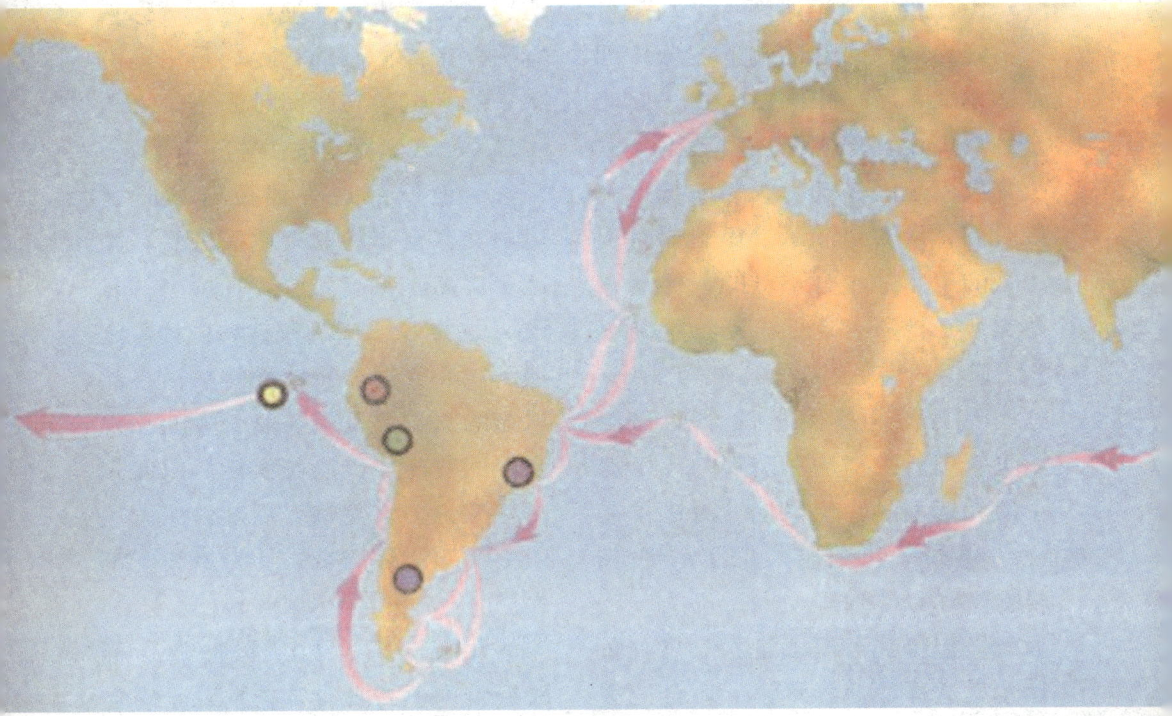

长室外，可以说是最好的一个船舱了，但最大的缺点就是十分狭窄。绘图桌旁的那个狭窄过道是他工作、穿衣和睡觉的唯一的地方。那是刚够转身的一点空间。斯托克斯在这张绘图桌的另一端绘图。达尔文的吊床就在绘图桌的上面，另一端的上面是斯托克斯的吊床。

第二天，天气骤然起了变化，海面上惊涛骇浪。在这种情况下，从未出过海的达尔文开始经受折磨与考验了。"扑通"一个浪头打来，船在波涛中一上一下地颠簸着。

达尔文头晕得厉害，吃下去的东西全吐了出来，胃痛得像被撕破了一样。

好心的水兵劝他躺下休息，可是达尔文拿了一张网，一步一摇地走到甲板上，把它挂在船尾下面，收集大海里的小动物。船前行了一段时间，网兜里满了。虽然这对于甲板的卫生是十分不利的，但是达尔文还是把所有这些小动物拖到甲板上来。

因此，这些海里的小动物使负责管理船的清洁和美观的韦尔姆上尉大为不满。他气恼地对达尔文说："如果我是船长的话，那我早就把你和你那堆使人讨厌的'垃圾'一起扔到海里去了。"只有像达尔文这样的博物学家，才会把这些玩意儿看作宝贝，用心观察、分析和研究。为了不给他人带来不便，达尔文花了一整天来清理自己的捕获物。他在船里把这些动物制成标本，并用文字记录下来。他的头实在痛极了，只能一面写，一面用左手使劲按着自己的头部。

达尔文初次出海，因此晕船带来的呕吐是很难忍受的。但是，达尔文还是以惊人的毅力，爬到桅顶，抓了一大把粘在风向旗旗布上的熔岩灰，然后径直往他的工作室跑去了。

当船长走进达尔文工作室的时候，只见他正在用显微镜仔细观察熔岩灰，嘴里不住地说道："你来看啊，有许多小动物呢！是南美洲吹来的……"与此同时，达尔文的一只手还在紧紧地按住头部。

当他们经过马德拉群岛时，达尔文甚至不能登上甲板去看一眼这个群岛。每当晕船特别厉害的时候，达尔文要么躺在吊床上，阅读洪堡和其他旅行家描写热带自然风光的书；要么躺在船长室的沙发上，同费茨罗伊船长谈话，以此来转移注意力。整整一周过去了，达尔文受到的晕船带来的折磨终于消失了。

几天以后，当"贝格尔"号驶近特内里费岛时，在浓云上空显

※特内里费岛

露出来的白色山巅、大海和天气才起了明显的变化，"贝格尔"号向圣克鲁斯镇驶去，这个镇的许多白色小屋子在火山岩的映衬下显现出来。突然，从圣克鲁斯驶来一只小船，小船上的一位执政官登上了"贝格尔"号的甲板。他宣布，现在欧洲有霍乱，"贝格尔"号必须进行十二天隔离，在此之前，任何人都不准上岸。

听到这个消息之后，没有一个人不感到沮丧。因为这就意味着船上的所有人要无所事事地度过12天，这并不符合费茨罗伊船长的性格，他马上下令张帆，向佛得角群岛驶去。

这使达尔文大失所望。就是到了第二天，达尔文还以恋恋不舍的目光送别他极其向往的目标——那历历在目的特内里费峰。不过使他

快慰的是，天气变得晴朗平和了，热带的夜晚美丽无比，晕船之苦也没有再来缠绕他了。

去美洲的路途上，其他剩余路途是在风平浪静的海面上度过的。关怀备至的亨斯洛，曾建议达尔文在旅行中带上当时刚刚出版的赖尔的《地质学原理》第一卷。因此达尔文并没有闲着，而是安静地打开这本书读了起来。

知识链接

赖尔与《地质学原理》第一卷

1830年5月29日，英国著名地质学家赖尔出版《地质学原理》第一卷，正式提出了地球演化的均变论。赖尔于1816年进入著名的牛津大学学习，20岁起即开始地质考察活动，曾多次考察欧洲、美洲的地质。1826年被选为英国皇家学会会员，四次被选为英国地质学会会长，1864年任英国科学促进协会主席。

在《地质学原理》中，赖尔针对当时流行的地质变化的"灾变论"，用大量确凿的事实说明，地球地壳的变化，不是什么超自然力量或者巨大的灾变造成的，而是由于最平常的自然力，如风、雨、温

※美丽的圣地亚哥

度、水流、潮汐、冰川、火山、地震等等，在漫长的时间里逐渐形成的。例如岩石的侵蚀、堆积等是一个缓慢的、不引人注意的、长期积累的过程。

他提出，地壳上升或者下降是地球内力和外力相互作用的结果，岩石的结构差别是在长期历史中形成的。达尔文对赖尔的这部著作十分推崇，他赞叹说："读完每一个字，我心中充满了钦佩之感。"赖尔治学十分严谨，这部著作于1830年开始出版，1833年出版了第三卷，以后他又对《地质学原理》进行了反复的修订，在发行第十版时，许多章节几乎进行了重写。他的这部著作为近代地质学奠定了科学的理论基础，因此他被人们称为"近代地质学之父"。

1832年1月16日，"贝格尔"号在佛得角群岛的一个四周荒芜的圣地亚哥岛停留下来。达尔文担心自己会对洪堡所描述的、他曾经为之赞叹不已的热带风光感到失望。这时，水兵们都考察海水的流向去了。达尔文和费茨罗伊派给他的助手背起背包，手拿地质锤，准备爬到山上去收集岩石标本。他们一上岸，走进长有罗望子、芭蕉树和棕榈树的河谷时，就听到了不熟识的鸟儿在啼鸣，看到了新奇的昆虫围绕着新开的花朵在飞舞。顿时，他感到这是对自己所经受的一切艰难和折磨最好的补偿。

一路上，达尔文把各式各样的石头敲下来放进背包，有黑色的、白色的，还有夹着一束花纹的。一会儿，背包便放满各种各样的石头，背包带深深地勒进达尔文的肉里，浑身上下都被汗水浸透了。

"达尔文先生，这些乱七八糟的石头，到底有什么用啊？"看着吃力向前爬行的达尔文，助手不解地问。

"你看，石头是有层次的，每层石头里有着不同的贝壳和海生动物的遗骨，它能告诉我们不同年代的生物，它们都是有价值的地质资

※佛得角风光

料！"达尔文喘着粗气说道。

助手总算明白了一些，他十分佩服达尔文的钻研精神，赶忙从达尔文身上接过背包，背在自己的肩上，并且还替达尔文收集各种动物化石。

当天夜里，达尔文都要把收集的石块贴上标签，写下收集的经过。因此，搞清楚圣地亚哥岛的地质情况并非那么困难。

在考察过程中，达尔文根据物种的变化，整日思考着一系列问题：自然界的奇花异树、人类万物究竟是怎么产生的？它们为什么会千变万化？彼此之间有什么联系？这些问题在达尔文脑海里越来越深刻，逐渐使他对神创论和物种不变论产生了怀疑。

达尔文把赖尔《地质学原理》的基本思想运用于圣地亚哥的地质考察上后，他认为赖尔的基本思想要比当时流行于美国的灾变论者们的地质学思想更为优越。当时他想，他将对他所要访问的各国地质情况都加以分类整理，并将其整理为一本书。这个想法使他高兴得手舞足蹈。

接下来一连三天，达尔文都在这个光秃秃的平原上四处游览。这里到处都布满着一堆堆晒焦的岩石。三天的游览使达尔文得到了极

其丰富的收获。他已经被这新颖的热带大自然完全吸引住了，达尔文认为这三天的时间是十分长的，这三天给他留下了很深的印象。

"贝格尔"号走到费尔南多迪诺罗尼亚小岛旁。这是一个火山岛，有一些大约300米高的山。岛上覆盖着一片几乎无法通行的密林，林中各种树木，使达尔文感到十分惊异。轻巧的椰子树是任何一种欧洲树木所不能比拟的；香蕉树和芭蕉树简直同暖房中的完全一样；金合欢和罗望子的蓝色叶子让人吃惊；而那壮丽的柑橘树，无论是用语言描述，还是用画笔彩绘，都不能表达其中之美。温室中的植物具有一种不健康的绿色，而这里的树木则比葡萄牙月桂树的颜色还要深，那美丽姿态却远远超过了月桂树。椰子树、番瓜树、香蕉树、柑橘树都果实累累，而木兰、月桂等却是百花争艳。不过在这里，天气热得很厉害。夜间，达尔文躺在吊床上，觉得就像躺在热气腾腾的澡盆里一样。

1832年2月底，"贝格尔"号到达巴西的第一站——巴伊亚，达尔文上岸考察。他走遍荒无人烟的热带森林，在好几里之内找不到一个人，这种安静的生活几乎是无法想象的。在森林的某些地方，含

羞草像几英寸厚的地毯一样覆盖着地面。达尔文从上面走过去，就留下了一行脚印；这是由于含羞草敏感的小叶闭合以及色彩变化而形成的。他收集了很多漂亮的陆生扁平软体多肠目的化石，并对昆虫进行了大量的研究，经常对其习性进行观察。许多热带大型蝶类引起了达尔文的兴趣。有些蝶类可以双翅张开成平面，在陆地上奔跑，发出很大的噼啪声。由于达尔文对甲虫十分熟悉，所以他毫不费力地发现，里约热内卢附近的甲虫同美国的甲虫不是同一个科。他特别努力地收集这些小的品种，他认为，巴西的甲虫在美国昆虫学家的搜集品中，主要是些大的品种。他还发现了许多直翅目、半翅目和针尾膜翅目的昆虫。有时候，达尔文因为发现一些以前从来没有见到过的昆虫习性而惊讶不已。

达尔文一共用了将近两个星期的时间在巴西内地考察。他回到里约热内卢后，便把自己的东西从"贝格尔"号上运往博托福戈。在靠岸时，海浪从小船的头上冲了过去，此时达尔文的书籍、仪器和其他必需品全都漂了起来。不过，他只是受了点惊：虽然大部分东西下面都浸湿了，但什么东西也没有损

失。他用了整整一天时间，才把这些东西晒干。他像往常一样花了好几天的时间来整理在巴西内地考察时所采集的东西和补写的日记。

在博托福戈住的两个半月期间，达尔文研究了里约四郊的自然界。他的房子位于海拔在680米以上的科尔科瓦多山麓上，科尔科瓦多山呈现陡峭的锥体形，通常在其半山腰处总是白云缭绕。达尔文白天考察和收集标本，或整理收集来的东西。傍晚，青蛙、蝉和蟋蟀在不停地演奏着协奏曲，达尔文细听着这些声音，或者观察某个萤火虫的飞舞，收集萤火虫的幼虫或对萤火虫

进行实验。晚上，他就给自己的许多朋友写信，或者阅读科学考察的著作。

在热带地区，传染病一般很多。有一种"热病"，死亡率相当高，欧洲人从来没有见过，谁患上这个病，三四天内就要死去。不到半年，水兵中已经有三人身亡了。这是达尔文在热带所遇到的许多次可能发生的意外中的一次。

之后，"贝格尔"号在其他军舰鸣放的友好送别的礼炮声中，终于离开了到处都是处女林的热带地区，接着向南方、向气候温和的地带、向覆盖着草本植物的海岸驶去。这次航行，惊涛骇浪和汹涌澎

※巴西国旗

※抹香鲸

湃的大海再次使达尔文遭受到晕船的痛苦。好在他们能有时观赏逆戟鲸，有时观赏口齿锋利的抹香鲸，有时观赏那被人们称为"开普小鸽子"的小海燕。

十几天之后，"贝格尔"号驶进一个叫作里约德拉普拉塔的小海湾，这个海湾的水就像小河里的水那样平静，但是海水又红又脏。

7月26日，"贝格尔"号停泊在蒙得维的亚海湾。刚一靠岸，达尔文赶紧在蒙得维的亚上岸，他已经迫不及待地想去了解当地的情况。他从城旁的一座小山顶上一眼望去，只见那一望无际的绿色草原上，放牧着一群群牛羊。达尔文向那些从远处就能望见的辽阔的沙漠走去。

他问当地的高楚人："这里有什么特殊的动物和植物吗？"

高楚人想了想说："这里的鸵鸟很奇怪，总是许多雌鸟集体下蛋，叫雄鸟去孵蛋，然后这些雌鸟再到别处去集体下蛋。"

于是，达尔文和他的助手走进无边无际的沙漠，花了好几天的时间去观看鸵鸟下蛋的情况。达尔文经过仔细的观察，终于弄清楚了，他高兴地对助手说："你看，雌鸵鸟三天下一个蛋，一次连续下十几个蛋，总共要一个多月。这里天热，隔一个多月，早下的蛋不是要臭掉吗？所以它们就集体下蛋，叫雄鸟去孵。"得知这样的现象之后，达尔文十分兴奋，因为，达尔文自己知道，他在这次考察过程中了解到了他以前并不知道的知识。

时隔几日之后，达尔文到蒙得维的亚远郊收集标本：在那里，他打死了一只水豚，这只巨大的啮齿动物重45千克，而且他还猎获了一些美丽的蛇和蜥蜴，收集了他所喜爱的甲虫。

达尔文及时地把他在巴西收集到的搜集品包装好，派人送到船上去。他把其中的一部分寄到了什鲁斯伯里的家里去，并把其中最重要的搜集品寄给了剑桥的亨斯洛。

九天后，"贝格尔"号离开了拉普拉塔，沿着海岸向南驶去，这样以便对海岸进行观察。可是进行勘察的好天气并没有持续多久，很快就变成了狂风暴雨的天气。大约一个星期，由于这种天气一直持续不止，所以无法进行测量工作，达尔文不得不返回蒙得维的亚。

9月22日，达尔文一行在海湾周围航行。他们来到一个叫作彭塔阿尔塔的地方。这个地方虽然风景不太美丽，但天气十分晴朗温和，海水也很平静。达尔文在这里发现了几个含有贝壳化石和骨化石的山岩。这些不寻常的化石引起了达尔文的注意。待他们刚刚返回到"贝格尔"号，天公不作美，开始下雨，刮起了暴风。第二天，达尔文又设法来到离"贝格尔"号16千米远的彭塔阿尔塔，使他感到特别高兴的是，他在含石灰质少的岩石中挖掘出了一个大型动物的头骨。为了取出这个头骨，他花了差不多三个小时的时间。他发现这是一个与犀牛很相似的动物颅骨，这使得达尔文十分惊喜，看来这是一个被列入古代有蹄类的箭齿兽的头骨。在天黑三个小时之后，达尔文才把它弄到船上。第三天，达尔文在原来的地方又发现了几个化石。遗憾的是，天气连续十天都很糟糕，达尔文被迫停止手里的考察工作。

10月8日，刚吃过早饭，达尔文又兴致勃勃地出发去彭塔阿尔塔，到他曾经挖掘过遗骸的地方去考察。这次他挖出了一个巨大的颌骨，并根据其牙齿确定为大懒兽。使他感到惊讶的是，树懒化石是在现在有树懒生存的那个洲发现的，而颌骨则是从有现代贝壳的土层里挖掘出来的；所有的这些发掘的化石都很充分地证明了赖尔的观点是正确的，而灾变论者的观点则是错误的。达尔文怀着兴奋的心情给亨斯洛写了一封信，信中他对这次的收集品，尤其是化石谈论了很多。并且，达尔文把这些非常难得的搜集品寄给了亨斯洛。

10月28日，"贝格尔"号带着几只小帆船，向火地岛开去，以便把几名火地岛人送回故乡。这次航程的大部分时间风平浪静，天气很好，只不过刮了几次暴风和逆风，起了几次雾。暴风影响了达尔文的胃口，

※蒙得维的亚

而逆风和雾则延缓了"贝格尔"号的航程。

"贝格尔"号经过了麦哲伦海峡入口处，继续向南行进。原先单调而荒凉的海岸现在却截然不同了。在海岸的高地上，有许多火地岛人烧起了烟火信号。平坦低岸地带的悬崖峭壁上，长满了灌木丛和树木，而后面则突兀着高大的雪山。经过考察可以看出，这里原本是平坦的地带，后来变换成了覆盖着深棕色森林的高山。

12月17日，"贝格尔"号从东面绕过了东火地岛的顶端——圣迭戈角，后来停泊在一个有海湾的地方。火地岛是一块多山的土地，那里的悬崖上长满了茂密的森林，森

※麦哲伦海峡

林地带高达300—500米。积雪地带约有1000米。在山毛榉构成的阴暗森林里漫步几乎是不可能的，因为森林里的地上堆满了大量腐烂的小叶植物，脚一踏上去就会陷下去。层峦叠嶂的群山给人一种神秘的巍峨感。这里的气候几乎是不断地刮风、下雨、降冰雹、飘雪花，甚至连空气也好像要比其他地方的空气更加阴沉似的。这些高山上的唯一居住者是原驼，它那尖锐的嘶叫声常常打破这里的寂静。

火地岛人的住房就是窝棚，几根树枝插进泥土，上面马马虎虎覆盖几束干草和芦苇，连兔子洞都不如，他们的生活还处在低级的发展阶段。他们蜷曲着身子睡在光地上。男人们"穿的"是几块小兽皮，刚刚可以遮盖住背部。这些兽皮用穿过胸部的绳子系着，并且随风飘动。在小船上打鱼的那些人，不管下雨还是下雪，全都赤身裸体。雪花落在抱着吃奶婴儿的赤身妇女身上就融化了。所有的人全都蓬头散发，声音嘈杂不清。他们的主要食物是妇女们潜入水里在水底捞捕的贝壳，或者是钓到的鱼。他们还采集没有滋味的野果和蘑菇。如果他们找到一具鲸鱼的尸体或打死一头海豹，那么这就可以算是他们的节日了。狗常常给他们捕捉水

❋水　獭

獭。所以在饥饿时，他们可以把老年妇女杀死，却从不把狗打死。

当"贝格尔"号驶过的时候，他们坐在一座悬崖之巅上，周围是山毛榉构成的阴暗森林。当他们用双手在自己的头部周围野蛮地转动的时候，他们的长发飘动着，他们好像是另一个世界中激动不安的精灵。他们的样子既可怜、柔顺，又恐惧、惊慌。他们发出的声音含糊不清，喉音很重。不过，正如费茨罗伊的试验所表明的那样，火地岛人对于文明是能够接受的，而且表现出很大的才能。

达尔文还在火地岛上发现了两种奇特的蜥蜴。其中一种身长好几米、脚上长着能在水中游的蹼的蜥蜴可以游到离岸好几百米远的地方。达尔文把这种蜥蜴的胃剖开后，发现它们吃的全是海藻。另一种蜥蜴正好相反，它们的脚上没有蹼，不会游泳，只能在陆地上生活，并且跑得相当得快。这两种蜥蜴虽然共同生活在一片天空下，但有着不同的生活习性。

有一次，达尔文到了一个群岛。他发现这里生活着大量的海龟，但有意思的是，每个小岛的海龟又各有不同。经过观察，达尔文认为它们与美洲大陆海龟可能是近亲。

达尔文还在这个群岛上看到不同种类的地雀。它们的体形很相似，只是有的嘴又宽又扁，有的嘴又细又长，真是太有趣了！"是什么原因使它们的嘴各不相同呢？"达尔文在思索着这个问题的答案。

经过长期的考察与研究，达尔文总结出了一系列的看法，他认为：岛上的动物和美洲大陆的动物本来就是同类，后来因为种种特殊原因，它们被迫离开了大陆，迁徙到了这片岛上。它们的生活习惯和面貌都发生了很大的变化，以适应新的环境，这就是物种的变异；但它们仍然保存了一部分祖先的特性，这就是物种的遗传。

达尔文十分兴奋地把这个想法告诉了船长，船长听了不但没有对达尔文的这一想法表示任何赞许，反而很不高兴地说："任何东西都是上帝创造的，上帝创造的东西是不会变化的！你难道敢怀疑上帝吗？"虽然达尔文听了这样的言语很失望，但他还是十分坚定地表示："我更相信真理……"

※海　龟

火地岛

　　火地岛是南美洲南端的群岛，也是拉丁美洲最大的岛屿。主岛火地岛又称大火地岛，隔麦哲伦海峡同南美大陆相望，面积4.87万平方千米。火地岛包括附近数百个小岛和岩礁在内的群岛，总面积约为7.3万平方千米，约2/3属智利，1/3属阿根廷。主岛略呈三角形，西部和南部山地为安第斯山脉余脉，地面崎岖，海拔1500—2000米，最高峰约甘山高2469米。雪线高度仅500—800米，由现代冰川发育而成。东部和北部为平缓低地，海拔180—600米，覆盖着第四纪冰川沉积物和火山灰砾，有许多冰川湖和沼泽湿地，较大的是法尼亚诺湖。该地气候寒冷，年均气温低于10℃，多强劲风暴。西部受湿润西南风和地形影响，年降水量高达2000—3000毫米；东部降水较少，年降水量不足500毫米。山区多森林，低地多为草原。

　　乌斯怀亚城(55°S、68°W)位于火地岛的最南端，是阿根廷火地岛的首府，于1884年建立，是世界上最靠南的城市。乌斯怀亚西南面有一系列的小岛，中间有条水道叫作贝格尔海峡，是太平洋和大西洋的分界线。乌斯怀亚扼海峡咽喉，东可去马尔维纳斯群岛，西可达大洋洲，南到南极洲，战略位置极为重要，因此火地岛是世界上除南极大陆以外的最南端的陆地，也是南美洲大陆最南端的岛屿。它位于南纬52°～56°之间，东临大西洋，西与太平洋相接，南隔德雷克海峡与南极大陆相望，北隔麦哲伦海峡与南美大陆毗邻，是智利和阿根廷两国最南端的领土。

　　火地岛地形多变。主岛北部大部分为冰川地形，以湖泊及冰碛为主，高度在180米以下，大西洋和麦哲伦海峡海岸地势低平。主岛西、南部及群岛为安第斯山脉的延伸，群峰海拔在2100米以上，如萨米恩托峰、达尔文峰等，并有高山冰川。火地岛夏凉冬冷，年降水量地区差异显著，智利德索拉西翁岛菲利克斯湾为6000毫米，阿根廷里约格兰德仅600毫米。南部和西部无遮蔽地带，仅有苔藓和矮木。主岛中部有落叶山毛榉林，北部平原覆盖着草本植物。

　　该岛原为印第安人奥那族、扬甘族和阿拉卡卢夫族的居住地。1520年10月，航海家麦哲伦发现了该地方，并之后被他命名为麦哲伦海峡，后来，他看到的是当地土著居民在岛上燃起的堆堆篝火，就将此岛命名为"火地岛"。1832—1836年间，英国生物学家达尔文考察了火地岛，自此该岛名声大振。

火地岛的冰川风光别具一格。冰川奇形怪状，雪山重峦叠嶂，湖泊星罗棋布。最大的法尼亚诺冰川湖方圆数百平方千米。周围群山环抱、森林密布，湖水清且静，风光秀美。火地岛的夏天是最美的，白天长达近20个小时，半夜23时太阳才落入海面，凌晨4—5点钟，太阳又升起。由于岛上的动植物资源保存较好，岛上有不怕人的海豹和企鹅，有优良品种的羊和众多的野兔，茂盛的山毛榉树构成了森林的主体。在岛南面的贝格尔海峡一带，还时常有巨大、珍贵的蓝鲸出没。另外，火地岛的土著奥那族人的流浪式生活和风俗也独具特色。他们的房子非常简单，就是在地上插几根木棍，再搭上几张骆马皮。由于这里具有特殊的地域、神奇的自然和人文景观，因此，阿根廷于1960年在岛上建立了国家公园。

※火地岛风光

穿过麦哲伦海峡

不知不觉中，一年的时光又在船上度过了。由于不断地搜集和研究，达尔文对于物种起源这个问题研究得越来越透彻了。由于他发现了许多动物化石，以及对其他动物分布、先前活动痕迹进行了大量、细致的观察，使达尔文对赖尔的观点产生严重的怀疑。他继续坚持研究。当他还只会采集、收藏时，他就已经表现出对科学执著追求的精神，而现在作为成长起来的博物学家，他更学会了如何去研究、思考。达尔文的思想在此基础上变得

※让达尔文欣喜若狂的热带雨林

逐步趋于成熟。

在南美洲，茂盛的热带雨林让达尔文眼花缭乱，欣喜若狂。达尔文热爱自然界，现在他已来到鸟类、野兽、昆虫和植物的天堂。鸟儿在飞翔，动物在觅食，昆虫闪闪发光，空气中充满着奇特的、诱人的香味。这一切让达尔文心旷神怡。当"贝格尔"号进行它的勘测任务时，达尔文就会登岸待上几天，甚至几个星期从事他的观察和采集工作。每到一个停泊点，他就会产生阵阵快乐、兴奋和自由的感觉。

"贝格尔"号继续测量海岸，为了避免触礁和激浪的冲击，夜里该船不是下锚，就是开往海上。1834年1月12日，"贝格尔"号终于开进了一个良好而宽广的海湾圣胡利安港。达尔文和费茨罗伊把一部分水兵留在小船停泊处的岸上后，便和其余的水兵一起到这个地区的腹地去。可是这个地区特别荒凉，他们本来都已经累得疲倦不堪，带着工具和笨重双筒枪的费茨罗伊更是显得十分疲惫。这里到处都没有淡水，他们口渴得要命。他们登上一个小丘远眺，发现离他们很远的地方有两个闪闪发光的湖。然而大家都已累得筋疲力尽，都不敢到那里去。如果到那里去，发现是两个盐湖的话，那么他们就会浑身无力而走不回来。达尔文认为自己在这些长途徒步跋涉中，比费茨罗伊和水兵们多接受了些锻炼，于是，达尔文便自告奋勇地要单独去一趟，并约好：那里如果有水的话，就用信号通知留下的人。

费茨罗伊和水兵们不安地目送着达尔文，看到他在地图上被人们称为渴丘的丘巅之上，走下山丘来到一个湖边，可是他毫不停留地马上离开了这个湖，又走到另一个湖边，也同样没有停留就离开了这个湖。

大家从他那往回走时所迈的缓慢步伐就明白，眼前远处的两个貌似"湖"的地方都只是盐的沉积物而不是湖。

然而费茨罗伊就是在山丘上稍微休息后，也很难返回小船。所以，达尔文和水兵们留下了一个人来陪伴船长，然后就匆忙往小船走去。达尔文是第一个到达的，他马上命令人带着淡水去接费茨罗伊。虽然达尔文当时还不觉得特别累，可是到了第二天，他就浑身难受，之后便一直在床上躺了两天。

1834年1月末，费茨罗伊船长、达尔文和水兵们一分两路，其中一部分人乘"贝格尔"号，另一部分人乘坐小船去勘探麦哲伦海峡。最

后"贝格尔"号停泊在饥饿港。从这里可以望见火地岛最高的一座山，即离该港150千米外的萨尔明托山。达尔文在这些地方又可以对许多有趣的关于生物地理分布的情况进行观察了。麦哲伦海峡的两岸具有过渡的特性。在这里，巴塔哥尼亚的生物和火地岛的生物混合在一起共同生存着。平时每个地方的植物都很多，沿路的植物随处可见。

2月26日，"贝格尔"号进入贝格尔河，费茨罗伊前些年就曾乘坐

知识链接

麦哲伦海峡

麦哲伦海峡是南美洲大陆南端同火地岛等岛屿之间的海峡（西经71度零分，南纬54度零分）。16世纪，葡萄牙航海家麦哲伦自信在此终有一条通往"南海"（太平洋）的航道。他于1519年9月20日率领一支船队开始航行。到达南美洲东海岸后，沿着海岸前进，在第二年10月21日进入他要寻找的海峡。经过一个多月的艰难航程，他战胜了死亡的威胁，终于在11月28日驶出海峡，进入风平浪静的太平洋，为第一次环球航行开辟了胜利的航道。后人为了纪念麦哲伦对航海事业作出的贡献，便把这段海峡称为麦哲伦海峡。

麦哲伦海峡峡湾曲折，是连接南大西洋和南太平洋的通道。其风大流急，航行十分困难。其水道曲折迂回，且寒冷多雾，在建成巴拿马运河前为重要的海上航线。

麦哲伦海峡东端与阿根廷相接，其余部分全在智利领海内。东起大西洋畔的维尔赫纳斯角与圣埃斯皮里图角，西至德索拉西翁岛皮勒角抵太平洋。海峡主要港口阿雷纳斯角在伯伦瑞克半岛，是智利羊肉集运港。

麦哲伦海峡由地壳断裂下陷而成，海峡内多大风暴，是世界上风浪最猛烈的水域之一。麦哲伦海峡东连大西洋，西通太平洋，东西长580千米，南北宽3.3—33千米。海峡被中部的弗罗厄得角分成东西两段。西段海峡曲折狭窄，入口处宽度48千米，最窄处仅3.3千米，水较深，最深处达1170米。两侧岩岸陡峭、高耸入云，每到冬季，巨大冰川悬挂在岩壁上，景象十分壮观。每逢崩落的冰块掉入海中，会发出雷鸣般巨响并威胁船只的航行。东段开阔且水浅，主航道最浅处只有20米，两岸是绿草如茵的草原景观。

麦哲伦海峡西部航段长年大风，涌浪和风向基本一致。海峡东部每年9月中旬至来年3月盛行西南风，10月至11月份风力较大，通常是早晨起风，下午随日落风力逐渐减弱。西部风力总是大于东部风力，太平洋入口的风浪一般要大于东部大西洋入口的风浪，经常高达9—11级，不利于航行。冬季通过时，海峡内宽阔水域的风力有时高达7—8级，受岸形遮挡的影响，涌浪不是很大。

海峡内没有明显的雾季，西部航段几乎常年视距良好，只是冬季下雪时会有

※麦哲伦海峡风光

短时间内视距较差。东部区域在秋、冬季节，即每年4—5月份部分航段有雾产生，常见于第一狭水道和第二狭水道区域，其他季节少有雾天形成。麦哲伦海峡潮流的流向和流速在不同的航段不尽相同。主航道内的流向受潮水影响，一般沿着航道非东即西，但有河口交叉的航段流向多变，航经此类航段时要注意流压差影响。在太平洋入口至纬度72°之间的西部航段几乎全年盛行东向流，流速受当地风力和海流影响，一般在1—2节之间，落潮时虽有西向流产生，通常被东向海流抵消而表现为东向流。中部航段流速一般在1.5节左右，流向受潮水和分支河道的影响而变化。东部航段流速变化较大，特别是在第一狭水道和第二狭水道航段流速可高达7—8节，在涨潮时为西向流，落潮时为东向流。

❋捕鱼的水獭

小船沿着这条河旅行过。这一次，"贝格尔"号在航行中熟练地顶着西风迂回行驶，艰难地通过了这条河。火地岛人一边不停地重复喊着"雅密尔舒纳尔"，一边进行着交换，用鱼和蟹来换取一些破布条。

3月初的一天，天气特别晴好，达尔文和费茨罗伊利用这个好天气，最后一次参观了朋松布海峡的北部，也参观了伏里阿海港。他们的熟人琴米乘坐着一只挂着一面小旗的独木船向他们驶来。他怀着平常那种温和的心情，把两张水獭皮送给了自己的英国朋友，还把他亲手做成的几个矛头和箭头送给了船长。当"贝格尔"号向着大海驶去的时候，琴米就在沿岸的一个山冈上燃起一堆火，来表达对达尔文和费茨罗伊的送别之情。

3月10日，"贝格尔"号又停泊在马尔维纳斯群岛附近的巴尔克里湾。达尔文在这里仍然顽强地、毫不动摇地继续进行自己的博物学家的工作。

六天之后，达尔文对环绕着这个岛的部分地方进行了一次考察，与其同行的还有两名高楚人。不管是寒冷的天气，夹杂着冰雹的暴风雨，还是只有一些很少的地质意义的不毛之地，都无法阻止达尔文继续考察的坚定信念。在旅途中，达尔文经常碰见一小群大雁和田鹬。而野牛和从前法国人运到这里来的马匹，却吸引住了达尔文的主要注意力。他专注地观察着高楚人灵敏的动作，他们熟练地往野牛脖子上投套索，向野牛后腿的主腱上用刀一刺，使它不能再迅速地向前奔跑，刹那间就把刀刺入野牛脊髓的顶端，然后就把野牛杀死。达尔文和高楚人一起吃野牛肉，为了不使一滴肉汁流失，他们连皮烧烤。因为这个岛上的人通常是把容易对付的母牛杀死，所以这里就出现了大量野公牛，它们常常向人和马猛冲过来，或许这些野公牛的凶猛行为是为了替野母牛报仇吧！

达尔文指出，非常值得一提的

※ 野　牛

是，在福克兰群岛上，变得凶猛了的牛不断繁殖增多，而且具有健壮结实的特点；与其形成鲜明对比的是，一群群野马却在不断地退化，它们个子长得不大，许多野马都害有跛脚病，所以小马经常死掉。达尔文认为马的跛脚是由蹄子变长所造成的。至于小马的死亡，他认为是由于公马强迫母马抛弃小马而造成的。从变野了的家畜的研究可以看出，有一些类型的生物比其他一些类型的生物更能适应新的生存条件。达尔文还特别注意到，这里的野牛一共有三种毛色。

对上面的两种事实观察与研究之后，达尔文提出了关于物种的问题以及关于难于辨别本种与变种的问题。在引进（外地运来）的和福克兰群岛上野生的动物中，有一种家兔，它的分布情况像野马一样，只局限于该岛的东部。达尔文知道，居维叶把另一些法国博物学家曾认为是变种的那些黑兔中的品种，看作是一种单独的品种。达尔文向高楚人详细打听后才得知，黑兔和灰兔的分布情况是一样的，它们栖息在一起，相互交配，并生育出杂色后代。关于物种的这个问题，在福克兰东西两岛上都分布着当地唯一最大的哺乳动物——狼形狐方面也出现了这样的情形。这是

※狐　狸

一种好奇的、肆无忌惮的野兽，它能钻进帐篷里，甚至能把放在睡觉的人头下面的肉拖走。费茨罗伊船长坚持说，这是一种叫作南美洲狐的变种，它可能是在某些漂浮的树干上被水流冲到福克兰群岛上来的。但是，据达尔文观察认为，这种特殊的狐狸只有在福克兰群岛才有。

本次考察是十分艰苦的，因为在一开始就遭遇了几场夹杂着冰雹和雪的大雨，但是毕竟高楚人本领高强，对这种环境的适应能力是比较强的，高楚人能在毫无防风措施的地方把火吹旺，燃起篝火。后来虽然天气暖和起来，可马却开始常常滑倒，达尔文的马曾滑倒了十二次。于是，在这样难以前行的情况下，达尔文一行不得不涉水经过海湾，这里的水淹到了马背处。

风儿掀起了细小的浪花，使他们的衣服更湿了，所以当他们回到住地时，全身都湿透了，冻得直发抖。

※巴塔哥尼亚风光

4月7日，"贝格尔"号起锚，又向巴塔哥尼亚驶去。费茨罗伊船长想修理一下"贝格尔"号，因为"贝格尔"号在宽阔的希望港撞了暗礁，被刮掉了一块铜包皮，同时他打算乘小船考察一下不太为人所知的圣克鲁斯河。

4月13日，"贝格尔"号在该河河口里靠岸。大清早，一场大风席卷而来，达尔文他们费了很大的周折才上了岸。"贝格尔"号在岸边被碰碎的危险特别大，它好不容易避免了这种危险才驶进港里。三天之后，船被拖上岸来。他们发现船的损坏并不那么严重，假龙骨被刮断了几米。在两次涨潮之间，船很快就被修好了，随后他们把"贝格尔"号重新放下水去，又把它系在岸边。

4月18日，费茨罗伊船长带领着25名船员一起乘坐三只捕鲸船，动身沿圣克鲁斯河上游对该河进行考察。第一次，捕鲸船趁大涨潮之机，逆流而上。晚上，他们就已经行驶到了涨潮区以外的河面。河面宽约三四百米，河中心的深度为5米多。这条河流环行于其间的河谷宽达16千米。像台阶一样的阶地相互对称地分布在河谷两岸。因为河水湍急，无论用桨还是张帆都不能逆流而上，于是他们只好把三只船

※ 秃　鹰

首尾相连地系在一起，把人分成两批拉起纤来。日落后，他们就宿营在一片灌木丛旁。每只船上的军官和船员都住在一个帐篷里，吃一样的食物。这样一来，他们每天只走16—20千米，有时稍微多一点。河谷里到处是光秃秃的沙漠，沙漠上稀稀拉拉地长着一些毫无生气的植物和带刺的灌木。沿途碰见了许多脖子脱了臼和骨折的羊驼，这是在兀鹰和白兀鹫的助威下，美洲狮捕猎羊驼留下的痕迹。灌木丛中有许多经常受到小狐狸追逐的小鼠，它们长着一对大耳朵和一身软毛。

4月26日，达尔文一行发现这里有了新的情况，这里的地质情况开

※**南美洲**

始发生变化。稀疏的小玄武岩砾石没有了。出现的是更坚硬的石块，然后是一整座玄武岩地台，河水就是穿过这种玄武岩块流动的。玄武岩的厚度显著增大。达尔文认定，河水是在海底上升到地面后，在原来海湾的地方，为自己开辟一条通道的。

"贝格尔"号的船员们接着就进入了隘口地区，在这里有几个罕见的喷泉。河流逐渐变窄了，拖拉船只的劳动愈来愈艰苦。陡峭的河岸附近的悬崖上有大量兀鹰，这是一些巨大的猛禽，它们的翅膀从一端到另一端几乎有两米半长。

29日，科迪勒拉山脉的一群雪峰出现在地平线上，开始时，达尔文遇到了大量的斑岩砾石。达尔文根据地质情况的考察，认为：从前这里可能是大海，当时这些斑岩砾石就在浮动的冰块上被冲来了。

5月5日，他们开始返回，由于他们是顺流而下，经过的地方都特别凄凉和寂寞，所以并没有什么值得回忆的事情发生，这次返回途中用了三天的时间。

"贝格尔"号对南美洲东岸的旷日持久的测量工作终于结束了。"贝格尔"号再次出海，经麦哲伦海峡向西岸驶去。这是一个狂风暴雨的日子，达尔文由于害病而备受煎熬。

6月8日，"贝格尔"号驶进了不久前发现的马格尔累纳河，并经马格尔累纳河来到塔尔纳角，那里的岩石、冰、雪、风、水令人望而生畏，不过到了早晨，覆盖着一层雪的萨尔明托山的壮丽景象又显露出来，山麓下有着一片片阴森的树林和一条条通向海边的冰川。

"贝格尔"号沿着狭窄的海峡迂回行驶，于6月10日从两大悬崖——东符里岛和西符里岛之间进入太平洋。这里海岸的形状，使住在陆地上的人只要看到了它，整个星期都会想到翻船、危险和死亡，从而使人变得忧心忡忡、焦虑不安。达尔文也正是带着这种印象与火地岛永别的。

6月28日，"贝格尔"号在奇洛埃岛上的圣卡尔洛斯港湾落了脚。奇洛埃是一个山峦起伏的大岛，到处被密林覆盖着，生长有常绿树木和热带植物，经常有海风刮来，并带来大量的雨水。岛上和睦而又勤劳的居民是由具有印第安人血统的混血人种组成的，他们使用最原始的工具来开垦土地和磨碎粮食。鱼、马铃薯和猪肉是岛上的主要食物，居民们栖身于清除掉树林的海岸上。圣卡尔洛斯是一个居住很分散的小村庄，村中房屋的四壁和屋顶都是用松木板构造而成的。

7月14日，"贝格尔"号离开了这个潮湿多雨的地方，向智利的主要海港瓦尔帕莱索驶去，7月23日到达该港，并停泊在那里。在离开火地岛和奇洛埃岛之后，达尔文对瓦尔帕莱索的气候大为赞赏。其城市也很美，它坐落在一排特别鲜艳的红土壤大山丘的山麓旁，由一条长街组成。远处显现出山峦起伏的科迪勒拉山脉的轮廓和圆锥形的阿空加瓜火山。达尔文在这里遇见了老同学和老朋友理查德·科尔菲德，因此感到万分高兴，并且留在他家借宿。

1834年6月24日，达尔文在给亨斯洛的信中说："在南方雾气弥漫的阴沉气候里长期航行之后，呼吸

※科迪勒拉山系

清新的干燥空气，享受美好的暖和天气，品尝有味的新鲜煎牛肉，乃是人生最大的幸福。"不难看出，在艰难的海上奔波之后，只要能够稍事休息一下，达尔文对此就已经感到心满意足了。他也对以前故乡、朋友和剑桥自由自在的生活非常怀念。

像以前一样，达尔文还是期待得到他的挚友、博物学问题方面的导师亨斯洛对他的收集工作给予有益的建议和批评。达尔文将所收集的全部收集物都给他寄去了。亨斯洛的住所成了这些收集物的"大本营"。但是，由于条件不是很便利，"贝格尔"号经常航行且难于事先知道停泊地点和时间，因此达尔文有时候一年的时间也收不到亨斯洛的回信，有时甚至会更长些。达尔文特别焦急地等待着亨斯洛对他在1832年8月从蒙得维的亚寄去的有关他的搜集物的一些询问的回信。亨斯洛是怎样看待达尔文的搜集物呢？亨斯洛会不会说他所收集的收集物太少了呢？而他却在大量研究地质学，并试图弄到圣地亚哥的每一种不同的岩石标本！有时他会尝试在炎热的太阳下搬来更多的岩石！而"当他一无所知的时候"，他该怎样在热带森林中对陌生的植物进行采选呢？他与其说关

心所收集的动物形态标本的数量，不如说是关心把标本保存得更好些。标出并记下标本的自然形态和颜色，而不局限于采集的时间与地点，他这样做是否对呢？同年11月，当他把收集物连同一些珍贵的化石标本从布兰卡寄给亨斯洛后，他在给亨斯洛的信中写道："我急于知道这些东西的处境，并急于听到对寄去的东西的数量和种类的各种评论。"

后来，达尔文提出的这些非常重要的问题在十八个月后才得到答复。亨斯洛在1833年5月15日写了回信，达尔文于1834年7月24日才收到，而且是在瓦尔帕莱索同亨斯洛于1833年12月15日发出的另一封信一起收到的。达尔文总是不大相信自己的能力。由于这么长时间没有收到回信，一切全靠自己处理，于是就想象，也可能是由于自己给亨斯洛所提供的资料非常有限，因此，在短时间内，亨斯洛是很难快速给出合理的答案的。

这一次，达尔文在瓦尔帕莱索一下就收到亨斯洛的两封信，此时达尔文兴奋不已！显然，亨斯洛对达尔文的收集物所给出的评语特别好，这使得达尔文的荣誉感达到了最高峰。当然，亨斯洛建议他把自己的收集物的复制品寄来。达尔文

虽然意识到这个意见是正确的，但是他辩白说，他在海上经常患晕船病，只有在特别好的天气里才安然无恙，所以不能工作太久。他写信告诉亨斯洛说："我的笔记篇幅已很大，四大开的纸我都写满了，有600小页左右；一半是地质学，另一半是对动物不完善的记录；对于动物，我照例是描绘那些泡在酒精中保存起来的标本中无法看到的部分或事实。"

和以前一样，达尔文在这封信中也同亨斯洛交换对动物的各种各样的看法。这些看法就是：关于他们以前未见过的长着摇晃的鸟头和迅速移动的长线状物的苔藓动物的类型，关于他们在热带潮湿土壤中发现的涂有鲜艳色彩的陆生真涡虫；关于他原来认为是水母，而实际上是一种结构极为复杂、"无法归入任何一个现存的目"的浮游动物科等等。这些情况是与地质考察、对自己考察的叙述、对未来的展望，以及对收集物包裹的命运的关心，杂乱无章地交替出现。达尔文给导师写信说："我在这封信中向您表达了相当大一部分利己主义，但您会想起来，在博物学方面，我把您视为我的父亲，而儿子是要向父亲诉说自己的情况的……"

※ 水　母

前往太平洋

在1835年10月20日，"贝格尔"号从加拉帕戈斯群岛向西进行了一次长达3200千米的航程。这次航行一帆风顺，还得归功于晴好的天气。"贝格尔"号于11月15日驶抵塔希提岛，在马塔凡湾停泊下来。像从前的旅行家一样，达尔文对这片低地也十分欣赏。由于这个低地的珊瑚礁挡住了海浪的冲袭，因此这里可以做停泊用的港湾。

第二天，"贝格尔"号上迎来了一些新的面孔——做买卖的当地人。早饭后，达尔文到了近处的一座高山上游览，从这里他可以清晰地看到爱米奥岛，它被邻近的一个暗礁包围着。

又过了一天，他们就驶往新西兰了。

驶往新西兰需要经过太平洋，这花了他们许多的时间，直到12月19日他们才隐约看见了新西兰。次日船便驶进了群岛湾。

达尔文第二天又出发了。途中有许多的树林，而小河流又隔断了道路，因此，这次计划进行得很不顺利。在这个岛上，达尔文发现了许多建筑的遗迹，这些建筑与现代坚固的建筑结构有着明显的差异。

12月23日，达尔文乘坐一条小船做了一次短途旅行。这次旅行是在英国领事布希贝和一位新西兰领袖的陪同下进行的。

塔西提岛

塔希提岛，也译为塔西提岛，又称为大溪地，是南太平洋中部法属波利尼西亚社会群岛中向风群岛的最大岛屿。这里四季温暖如春、物产丰富。衣食无忧的人们常常无所事事地望着大海远处凝思，静待日落天亮。阳光跟着太平洋上吹来的风一同到来，海水的颜色也由幽深到清亮。他们管自己叫"上帝的人"，人们管那里叫"最接近天堂的地方"。

这里有火山土壤，土地很肥沃，蕨类植物长得很旺盛。在这片林子里，达尔文观看了那些高大的贝壳杉松。这种树干高达七八米，上下一样粗。新西兰的树林根本无法通行，林中有许多英国人和法国人运来的植物，但是很少见到小鸟。

达尔文是在纳希亚村度过圣诞节的。翌日，达尔文同谢利万和布希贝一起乘坐小船欣赏了周围的美丽景色。后来他们三人还访问了其他几个村子，观看了当地一个酋长女儿的葬礼，研究了这儿的石灰层

之后，又返回到"贝格尔"号上。12月30日，"贝格尔"号离开群岛，向悉尼方向驶去。

1836年1月12日，"贝格尔"号抵达澳大利亚，在悉尼海湾抛了锚。当天晚上达尔文在这个城市散步后，感到非常高兴。在几十年中，这里真的兴起了一座崭新的城市，市内有许多宽大的正规街道，还有许多两三层楼高的石屋和商店。像在任何地方一样，在这里达尔文也组织了一次到内地去的旅行的活动。他雇了一名向导和两匹马，到一个叫作巴瑟斯特的村镇去，这个村镇距离城市大约有120海里，在此之前这里却是一个大畜牧区的中心。

※悉尼一景

※ 鸭嘴兽

达尔文沿着一条非常漂亮的石子路，径直往前走，这条路是靠那些放逐到澳大利亚的苦役犯的强迫劳动修筑起来的。它周围的风景很单调，只有一个稀疏的树林和一片细弱而泛白的绿草。因为这里树叶的侧面都是垂直地向太阳长着，所以没有荫凉。傍晚时分，达尔文遇到了二十多个澳大利亚当地人，他们都很善良，并向达尔文展示了他们极其精湛的投掷镖枪的技艺。澳大利亚土著人无论是文化水平还是聪敏程度都要比火地人高一些，但是他们过的是一种漂泊不定的生活，他们既不种地，也不盖房，亦不牧羊。酒类的输入、欧洲人带来的各种疾病在当地人中间的传播，以及对当地人所食用的野生动物的捕杀，都使得殖民地的土著人数迅速减少。

其中某些病如麻疹，对他们的危害特别大。达尔文在《考察日记》中激愤地写道："只要欧洲人一到那里，死亡就无不立即摧残着当地的居民。"

1月17日，达尔文渡过尼比翁河，不久就到达了蓝山山脚，蓝山是超出海滨低地的砂岩高地。从高地往下看，下面是一片十分广阔的森林，风景相当地美丽。从树林右边突然展现出的深达四百多米的那个大山谷，是这里最漂亮的地方，山谷的悬崖峭壁完全是笔直地挺立着。在这里，悬崖峭壁的底部土地上长满了茂密的树木。

达尔文离开了高地，穿过芒特·维克托里亚通道，来到了一个树木更加稀少、绿草更为茂密的地方后，在边区的一个养羊场停了下来。他想在这里捕捉袋鼠，但没有捉到，而只是弄到了一只小家鼠；他观看了一些白鹦鹉和其他一些鸟，使他感到满意的是，他有幸看到了一些一会儿在水面上嬉戏，一会儿又潜入水中的鸭嘴兽。

达尔文在《航行日记》中写道："一个什么宗教都不信仰的人，可能会感叹地说：在这里肯定有两种不同的创造者在工作；但是他们的工作对象是相同的，他们在每一场合下的目标都完全达到了。"除了澳大利亚的哺乳动物群不同于世界上其他地方的动物群以外，他还发现了一个例外的情况：他在自己的脚下看到了一个圆锥形的深坑，这是蚁狮设下的典型的陷坑。他观察了蚁狮幼虫捕捉苍蝇和蚂蚁的情况，蚁狮幼虫从陷坑的深处射出一股股沙子，迫使那些吃力地顺着沙粒流动的坑壁向外爬的昆虫流到自己跟前并成为自己的猎物。不过这种陷坑要比欧洲蚁狮通常的陷坑小一半，可能是供当地特有的那种蚁狮用的。

1月20日，达尔文的考察工作还在进行着。这一天天气非常闷热，从沙漠里刮来的风吹得尘土飞扬。他到达了旅行的目的地——巴瑟斯特。当时很干旱，草地变成了褐色，河流完全干涸，很多幼小的果树和葡萄树都已旱死。不过，达尔文在返回的路上没有发现什么特别的东西。

1月30日，"贝格尔"号驶向塔斯马尼亚，于2月3日到达那里。塔斯马尼亚的当地人曾经对英国人进行过拼命的抵抗，这时已经被征服了。他们被迫迁移到了一个孤岛上，然而在那里，他们很快地灭绝了。

※蚁狮设下的"捕食陷阱"

※椰子树

达尔文在塔斯马尼亚停留了十天，在此期间他经常出去游览，主要从事地质学的研究。他在自己的笔记中提到，他曾在这里登上了一座不高的惠灵顿山，山上长满了茂密美丽的植物，要穿过这些植物是极其困难的。令达尔文感到惊讶的是，除了高大的桉树外，还有长得非常茂密的像树一样的蕨类植物。

3月6日，"贝格尔"号驶抵澳大利亚最西南角的佐治亚湾。

在这里，"贝格尔"号只停留了八天，达尔文认为，在旅行期间他从来没有这样无聊过。因为这里的植物单调而且贫乏，任何有意义的观察都没有，使得达尔文不想再到附近去考察。唯有当地人举行的那种粗鲁的却并非寻常的"柯罗别利"舞会，还使达尔文感到有某种民族文化习俗的趣味。之后，"贝格尔"号离开澳大利亚，继续航行。

4月3日，达尔文和费茨罗伊来到了马来亚人的一个村子，这个村子坐落在一个岛屿的一角。他们在那里观看了一种在死人墓上跳"木勺舞"的仪式，这是在望月时举行的一种半崇拜偶像的仪式。

三天之后，达尔文同费茨罗伊访问了紧靠礁湖入口处的一个岛屿。在这里，他们观看了居民们是怎样坐着两只小船捕捉海龟的。猛烈的海水激浪在迎风的岸边碰得粉碎，这种情景使得达尔文十分惊讶。达尔文在日记中非常激动地谈论这一印象时，他用那些富于表情的话写道："……我很难解释，为什么这些珊瑚岛的外侧海岸的景象总是使我感到极其伟大。在这类似壁垒的岸边，在这绿色的灌木丛和高大的椰子树的边缘，在那大片紧实的、到处都散布着巨大碎块的死珊瑚岩上，最后还有在那从四面八方袭击的波涛汹涌的巨浪中，包含有多少纯洁的未被人涉足的地方。

大洋把自己的波浪抛送到宽阔的珊瑚礁之外，它好像一个不可战胜的、强大无比的敌人似的；可是眼前可以看到，人类仍旧可以用一种方法去抵挡它，甚至去进攻它。虽然这种方法初看起来好像是软弱无力而又不中用似的。大洋并不宽恕珊瑚岩，因为这些散布在珊瑚礁上面，而且堆积在这条生长着高大椰子树的海岸上的巨大碎块，清楚地显示了波浪的威力。海洋从来没有过一段安静的时间。在广大的海洋表面上，永远吹拂着同一方向的风；这种微弱却不停的信风所引起的巨大海浪，能够产生出一种十分强大的波涛，其力量几乎等于温带地区的一阵大风暴所发生的力量，而且这种波涛还在永不停息地咆哮着。在看到这些波涛时，你会不得不相信：假定一个岛是由最坚硬的岩石构成的，比如说是由斑岩、花岗岩或者石英石构成的，那它终究也要被这种难以抵抗的力量所征服和毁灭的。可是这些低矮而微小的珊瑚小岛却依然站在那里，而且成为斗争中的胜利者，因为出现了另外一种对抗的力量，在斗争中帮助了它们。一些有机体的力量从波涛汹涌、泡沫飞溅的波浪里，不断地分离出碳酸钙的原子来，而这种原子又逐渐地结合成一种对称的结构。

※椰子蟹

让飓风把它们撕裂成千万块碎片好了，因为如果同无数个建筑师夜以继日、成年累月所积累的劳动总量比较起来，这又有什么意义呢？我们从而看到，一个水螅虫的柔软而有黏液的身体，依靠生命规律的作用，正在战胜大洋波涛的巨大的机械力量，而这种力量，既不是人的技能，也不是自然界任何无生命的创造力所能制服得了的。"

次日，达尔文访问了西岛。在西岛的干燥的陆地上，到处都可以看到一种以椰子为食的陆地椰蟹。达尔文根据当地一位居民的话，对蟹如何吃食椰子的情况作了记录。他还观察了两种蓝绿色的鱼经常咬破珊瑚并以吃珊瑚为生的情况，以及许多生活在珊瑚礁中的无脊椎动物。

4月12日，"贝格尔"号离开了礁湖。在这一天的笔记中，有一部分是达尔文关于珊瑚礁和环形珊瑚岛起源的著名理论的初稿。

达尔文这样写道："我很高兴我们访问了这些岛屿：这些形成物无疑是自然界最稀有的现象。这并不是一下子就能够使我们的肉眼感到惊讶的奇迹，而是在经过了一定的思考之后才使我们为之惊讶的奇迹。

"当旅行家们告诉我们某些古迹的伟大结构和庞大体积时，我们感到非常惊奇，但是即使是最大的古迹，如果同这里的由各种最小的动物尸体堆积起来的物质相比的话，它们也是微不足道的。在这些面积广大的岛屿上，每一个原子组成部分，不管是从哪里弄来的，是最小的微粒还是巨大的岩石碎块，都有曾经遭受过有机物方面侵蚀作用的痕迹。费茨罗伊船长在离海岸1海里远的地方，用2133.6米长的一根绳索，测量了海的深度，但没有测到底。因此，我们应当把这个岛看作是一座陡峭的高山的顶峰。至于珊瑚虫工作的结果延伸到何种深度或厚度，这是根本无法知道的。

"有一种意见认为，制造岩礁的水螅虫是随着岛的基底在火山力量的作用下，经过一定的时间逐渐下沉的、不断向上加高自己的建筑物。如果认为这种意见是正确的话，那就可以认为，珊瑚石灰石一定有很大的厚度。

"在太平洋里，我们看到一些为珊瑚礁所包围的岛屿，而许多海峡和静水区把这些珊瑚礁同海岸远远隔开。各种各样的原因都可能阻碍那些最能在这种条件下发生作用的珊瑚岩的增长。因此，如果我们设想：这样的岛屿经过很长时期之后，要像南美大陆那样，向相反的方向下沉若干米的话，那么珊瑚将从周围珊瑚礁的底部继续向上生长起来。将来中间的陆地将被海水所淹没。而珊瑚则将完成它那围墙式的建筑。那时我们是不是将会得到一个环形的珊瑚岛呢？从这个观点来看，我们应当把环形珊瑚岛看作是由无数的建筑师建筑起来的一座纪念碑，它标明从前的陆地是在什么地方被淹没在海洋深处的。"

※ 美丽的珊瑚

结束五年考察

在1836年4月29日这天的早晨，"贝格尔"号绕过了毛里求斯岛的北端。沿岸是一片逐渐倾斜的平原，平原上有一些碧绿的甘蔗种植园，种植园的后面是一些稀稀落落的小房子。岛中心耸立着几座高山，尖尖的山顶，山上长满了树木，白云在山顶缭绕。风景非常和谐协调。第二天，达尔文访问了一个城市，这个城市给达尔文留下了良好的印象，它是一个文化中心，具有鲜明的法国特色。歌剧院、大书店——达尔文对这一切都很感兴趣。在路易港这个城市的大街上，有很多从印度流放来的印度人。

5月初，达尔文登上了城外的拇指山，山高200—800米。随后，达尔文同斯托克斯一块去劳合大尉的别墅。别墅离城市有3海里，那里是一个富丽堂皇的地方，他们在那里待了两天。在途中，有一段路他们是骑着大尉的象走过的。据达尔文说，这些象在走路时一点声音都没有，这使他感到非常惊讶。"贝格尔"号从南边绕过马达加斯加后，在纳塔尔附近驶抵非洲海岸，接着在非洲海岸附近的颇为辽阔的海域航行。

5月31日，"贝格尔"号在四蒙士湾靠岸。次日，达尔文到了离四蒙士湾20海里的卡普什塔德特。在距离卡普什塔德特7海里的地方，有许多幼

小的苏格兰云杉林和低矮的、叶子发黄的橡树林，这些云杉林和橡树林散发着一阵阵秋天英国树林的气息，这些树林使怀念祖国的达尔文感到特别诱人。在卡普什塔德特，在一个位于住有各族人的大路上的一个很大的旅馆兼饭店里，达尔文费了很大力气才在一所公寓里找了一个房间。

6月2日，达尔文和通常一样，登上了邻近的一座山。这座城市不久前还由荷兰人管辖，现在却越来越带有英国的特点。城里除了英国人和荷兰人以外，还有很多法国人和戴着圆锥帽或红头巾的马来西亚人、黑人和果天托特人。引人注目的是，这里有许多一前一后两个一列地套着十二对犍牛的四轮车。但很少看到一前一后四个一列、六个一列和八个一列地套着犍牛的四轮车。紧靠城外有一座高2000米的桌子山，风景很独特。

两天之后，达尔文到内地作了一次路途更长的旅行。他雇了两匹马和一个年轻的果天托特人做向导。这次旅行使达尔文了解了非洲南部的植物、土壤、地质构造和动物化石群的某些标本特征。

在接下来的一周里，达尔文是在卡普什塔德特度过的。在这里，他结识了一些英国人，使他感到非常高兴的是，他结识了约翰·赫瑟尔，因为约翰·赫瑟尔的著作在达尔文少年时代就给他留下了深刻的印象。

6月中旬，"贝格尔"号驶离四蒙士湾，向大海航行。

7月8日，"贝格尔"号来到了圣赫勒拿岛。这个岛好像一座巨大的黑色城堡一样，陡峭地耸立着。达尔文住在距拿破仑墓不远的一个城市里，但他住在这里并不是出于对这位伟大统帅感兴趣，也不是出于对他的敬仰，而是由于这个地方正处在岛的中心，从这里出发到任何地方去游览都十分方便。在他住宿的609.6米高的地方，气候寒冷而且有暴风雨，经常下着大雨。他写信给亨斯洛说："这里出现的是真正的暴风骤雨，假如拿破仑的灵魂在他被俘的那个可悲的地方游荡的话，那么这种情况对他那徘徊游荡着的灵魂来说，倒的确是个十分合适的夜晚。"他在信中表现出对祖国的深切怀念。五年的航海生活使所有的人都疲惫不堪了，因此他们都期待着能回到英国去，然而这一天他们还没有等到。他请亨斯洛在塞治威克的帮助下，能使他成为地质学会的会员，并请亨斯洛先为此事采取一些措施。

达尔文每天从早到晚都在岛

上浏览，研究这个岛的地质构造，就这样在不知不觉中，达尔文在圣赫勒拿岛停留了四天。给达尔文当向导的是一个上了年纪的头发斑白的混血种人，从前是个奴隶，和所有黑人一样，他也是在圣赫勒拿岛从东印度公司转归英国过程中，从奴隶制下获得解放的。达尔文注意到，这里90%以上的植物都是从英国运来的。这里的鸟和昆虫非常少。英国人只运进了一些鹧鸪和野鸡。达尔文愤怒地指出，关于保护野鸟的法令没有考虑到当地穷人的利益。他们常常从悬崖峭壁上采集一种草，把这种草燃烧后，从草灰中提取苏打。但是，仅仅凭借这样的借口："那样的话，鹧鸪就要没有地方筑巢了！"于是，这种副业就此遭到禁止。

16世纪初，这个岛上的植被被运输过来，但是不幸的是，繁殖得很快的山羊和野猪却彻底被毁灭了。这种情况也影响到了陆生软体动物，达尔文发现有八种陆生软体动物只剩下了空壳埋藏在土壤中；这种活的软体动物已经看不到了，它们随着森林的毁灭而灭绝了。达尔文本来很想到圣赫勒拿岛的各个山上和悬崖峭壁处去漫游一番，由于"贝格尔"号又要向前航，因此他不得不在7月14日回到船上。计划

落空了，达尔文感到很不愉快。

7月中旬，"贝格尔"号到达亚森松岛。在那高低不平的黑色熔岩的表面上，耸立着一个个鲜红色的被切断的圆锥形山丘，这些山丘围绕着一个中心，即一个最大的"绿色"山丘。达尔文第二天早晨的第一个行动，便是登上这个海拔800米的山丘。在所有这些荒漠的山丘上，只有个别地方长了点青草，因此吸引来了一些绵羊、山羊、牛和马在这里享受美餐。

这里的家鼠很多，它们比普通的家鼠的个头要小一些。为了消灭各种老鼠，这里运来了一些猫，但是由于它们繁殖得太快，其本身反而成了一种真正的灾患。

在亚森松岛，达尔文接到了由什鲁斯伯里寄来的一封家信。他的妹妹卡萨琳在信中说，有一位叫塞治威克的地质学家到了什鲁斯伯里他父亲那里。塞治威克对他父亲说："达尔文将在科学家中间占据显要的地位。"

由于达尔文并没有与塞治威克通过信，因此他没法知道塞治威克是从哪里知道他所从事的事业和他旅行期间的工作情况的。不管怎样，得到像塞治威克这样一个大地质学家的赞扬，的确使达尔文感到自豪。这时候他还相当年轻，因此

※巴伊亚俯瞰

在读了这封信之后，他便跳跃着登上了亚森松岛的各座山，而他的小锤子也就敲打在山的峭壁上并发出了胜利的响声。在地质发现方面，特别能引起达尔文兴趣的是他在这里找到的大量"火山弹"和这种火山弹的多孔构造及其形成的方法。

眼看就要回到英国了，由于在"贝格尔"号的器材中，对确定经度存在着一些矛盾，费茨罗伊认为在回到英国之前，应该把这些矛盾弄清楚，因此下令"贝格尔"号向西、向南、又向巴西驶去。费茨罗伊的这一计划使得十分希望归国的达尔文和其他水手们的念头都破灭了。

8月1日，"贝格尔"号又在巴伊亚停泊下来，达尔文根本没有想过何时再能重新回到这里。在初次看到这个美丽的城市及其近郊时，达尔文十分赞赏，而现在却完全失去了欣赏的欲望，更何况那些曾经使风景变得异常鲜艳的美丽的红树林已被砍光了。尽管如此，热带风景的那些因素依然未变，所以达尔文在巴伊亚停留的四天中，仍禁不住要把自己对热带风景的印象和感受表达出来。他在写给姐姐苏珊娜的信中说："我反复推敲着一个又一个的形容词，我认为用这些形容词来把我所感受的愉快心情传达给那些没有到过热带的人，显得过分无力了。整个国家是一个巨大的、野生的、没有修整过的、五彩缤纷的暖花房，这个暖花房是大自然为自己创造的，却被人类所占有……任何一个热爱大自然的人都有一个愿望，那就是如果可能的话，想去看看另一个行星上的风景，这个愿望该是多么伟大啊！但是实际上可以这么说，对于每一个欧洲人来说，在离他的家乡只有几个经度远的地方，就有另一个拥有美丽景色的世界。"

8月6日，"贝格尔"号向海上出发，以便径直驶向佛得角群岛，可是逆风又阻碍了它的前进。

8月12日，"贝格尔"号驶进了伯南布哥湾，位于南纬8°处，这是巴西海岸上的一个大城市。伯南布哥市（现名累西腓）位于一个平坦的有沼泽的地方。当时雨季尚未结束，洪水淹没了四郊，因此达尔文想作长距离散步的一切尝试都未能顺利实现。他只限于对形成海湾的礁脉进行了一些研究。在这里他指出了一些有生命的海洋机体的活动，如制造石灰质小管的软体虫、蔓脚目即带有石灰质小塔和固体海

洋藻类（石珊瑚藻）的固着虾。

8月19日，"贝格尔"号终于离开了巴西。在返回英国的路途中，"贝格尔"号颠簸得很厉害，因此达尔文饱尝了晕船之苦。唯一使他引以自慰的是，这是最后一次通往英国途中忍受晕船之苦了。这样的想法又让达尔文对于实现早日回家的愿望有了一丝期盼。

8月31日，"贝格尔"号在普拉亚港停泊。

9月20日，"贝格尔"号驶抵亚速尔群岛。全体船员上岸访问了一个叫安格拉的小城市，该市坐落在捷尔谢伊尔岛上，居民达10000人。第二天，达尔文在一名向导的带领下，到这个岛的中心作了一次旅行。那里有一座山，人们把它描述成活火山。那里的风景、植物、昆虫和鸟类在达尔文看来很像威尔士山上的一个地方。达尔文观察了一个叫作火山口的地方，这里热气从裂缝中喷出并作用于周围的粗面岩和熔岩上。而在地下的活动在这里就表现为地震。第二天，达尔文游览了普拉亚市，曾经这里是一个大城市，可是，后来在一场大地震之后被毁灭了，于是就变成了一个很不起眼的小地方。

※亚速尔群岛

归国的后续工作

跨越了太平洋，穿过印度洋，北上通过大西洋后，二十七岁的达尔文在1836年10月回到了英国。1836年10月4日，他回到什鲁斯伯里时，天已经很晚了，因此他先在一家旅店里住宿一宿，以免深更半夜惊动亲人。

翌日，快吃早饭时，他来到了芒特，他看到了自己的亲人们。五年过去了，除了父亲有些衰老外，其他的人和他离开时的样子差不多。在亲人面前的达尔文仍然和从前一样，可爱而善良，他用他那温情的眼神看着他们。但是，五年的旅行生活使达尔文变了很多。现在他已是一个有主见、有思想的人了。他研究了许多科学问题，并且解决了这些问题。他现在已经是一个科学青年了，是一个有着丰富阅历的博物学家了。

达尔文在五年的漫长航海生活中，一路都进行着

※印度洋

名人名言

> 我能成为一个科学家，最主要的原因是：对科学的爱好；思索问题的无限耐心；在观察和搜集事实上的勤勉；一种创造力和丰富的常识。
>
> ——达尔文

认真的观察和记录，考察了美洲数以万计的动物和植物，并且收集了17000多种标本。他发现所有的物种都随着地域的变化而变化，并且表现出明显的规律性，有亲缘关系的物种总是分布在邻近的领域；而地域距离越远，物种的差异也就越大，这也许就是人们常说的"一方水土养一方生灵"。正是这次环球考察，使达尔文变成了一位生物进化论者。

达尔文在晚年回顾这一段经历时说："'贝格尔'船的航行，在我一生中，是极其重要的一件事，它决定了我的整个事业。"在考察的过程中，有三类事实给达尔文留下了深刻的印象，促使他逐渐相信物种是可变的、是由其他物种进化而来的，而不是由上帝创造的。这三类事实是：

第一，南美洲的东海岸自北向南、西海岸自南向北的生物类型逐渐地更替，这使他对"神创论"产生了怀疑，使他想到环境对生物类型的影响。

第二，达尔文在南美洲发现了一些古代动物骨骼化石，其中有一种是古代贫齿目四足兽的化石，从它的结构上看，很接近南美洲的特有动物——犰狳。又如，有一种古代动物，它的身体有大象那么大，

从牙齿上看，很像现代啮齿目的动物，从眼睛、耳朵和鼻孔的部位看，很像现代水生的哺乳动物——儒艮和海牛。这些现象使达尔文感到非常惊奇，并且产生了疑问：为什么现代的动物与古代动物十分相似，但又不完全相同呢？为什么一些现代动物的特点会集中在古代某一动物的身上呢？现代的动物是从古代动物发展演变而来的吗？

第三，达尔文发现加拉帕戈斯群岛虽然与南美洲大陆相隔八九百千米，气候也很不相同，但该群岛的物种都属南美洲类型；而且，该群岛的大多数物种与南美洲的物种是有一定区别的。通过进一步的研究，达尔文还发现同一物种在该群岛的各个岛上，都是略有差异的。所有这些现象，使达尔文想

※ 犰 狳

到物种可能是在不断地变化着的。

回到英国之后，达尔文将自己带回来的收集品进行加工分类整理，然后策划着写一些有关物种起源和地质等方面的书籍。此外还有他在旅行途中所写的《旅行日记》也要准备出版。

在达尔文看来，亨斯洛就像一座"山顶"，他可以清楚地了解一切情况。因此，达尔文回家不久就写信给亨斯洛，询问亨斯洛是否在剑桥。

收集、整理并将收集品加以分类，这并不是一件易事。达尔文的朋友赖尔也在信件中劝他，认为达尔文应当亲自研究地质学。解剖学家和古生物学家奥温不反对解剖一些用酒精浸制的动物。当时担任伦敦大学教授、他的老朋友格特准备研究某些珊瑚。但是，起初准备工作特别不完善，亨斯洛也提出建议，让达尔文把动物的各科在剑桥的博物学家中加以分配。于是，达尔文接受了亨斯洛的建议，把这个建议当成工作中第一阶段的计划。他打算在剑桥度过几个月，在那里开始自己的工作。后来，为了工作，达尔文又不得不迁到了伦敦。因为，在伦敦，专家们对旅行期间搜集的动物资料进行的研究工作，只有达尔文在场才可以进行下去。

接下来的时间里，达尔文就开始着手实现自己的计划。10月底，他把自己航行期间随身携带的东西和收集品从"贝格尔"号上卸下来，并径直运往剑桥。此时，赖尔正迫不及待地等待着达尔文的归来。当"贝格尔"号还在新西兰时，赖尔就写信给塞治威克说："我盼望着达尔文的归来。我希望你们能尽早地让他过来。"这是由于达尔文的许多观点都是从赖尔的观点上发展起来的，而赖尔的许多观点又是通过达尔文得以证实的。因此，可以说他们两人是相辅相成的。毫不奇怪，在交往中，他们已经成为好朋友。当时赖尔年近四十岁。达尔文不久就被选为地质学会会员，之后又被选为动物学会会员。

1836年11月，在梅尔的韦季武德家，人们正焦急地等待着这位功成名就的博物学家达尔文的到来。所有远亲都被邀请来看他。大家请达尔文给他们讲了一些旅行情况，并且向达尔文提了很多的问题。大家在一起谈论的话题还有达尔文的日记，因为有些日记他以前曾寄回家中，因此他的姐妹们早已知道了。费茨罗伊看了这本日记后，曾提议把它同自己的日记合在一起作为一个完整的读物出版，但达尔

※ 斑 马

文的姐妹们却对这种做法持反对
态度。

　　1836年12月初，达尔文来到了
剑桥并在那里过了冬，这也正如达
尔文所设想的一样。由于他打算在
剑桥检查完他的地质收集品，因此
他必须多待几天。起初，他住在亨
斯洛那里，后来他自己租了一个房
间。此外，在此期间他还下了很大
功夫整理《一个博物学家的考察日
记》。达尔文现在觉得他已经不再
是一个有声望的大学生了，因为现
在学校里认识他的人寥寥无几。不
过，每天晚上仍会过来一些朋友，
大家喝酒聊天，其乐无穷，但这在
很大程度上影响了达尔文研究活动
的进程。这年冬天，他在动物学会
上做了《关于美洲鸵鸟》的简短报
告，在地质学会上做了《关于海岸

新的上升》的简短报告。这两次报
告的演讲使得达尔文在学校里稍有
声誉。

　　1837年3月至9月，在伦敦的大

※ 鸵 鸟

马尔勃罗大街，达尔文对他的日记进行加工整理。费茨罗伊船长出版了描述他乘"贝格尔"号两次旅行的著作。其中在第一卷中描述的是他于1826年至1830年在金克率领下的旅行；第二卷描写的是有达尔文参加的1831年至1836年的旅行；第三卷应该是达尔文写的《一个博物学家的日记》。但是，达尔文在日记中所遵循的不是时间的顺序，而是地理的顺序。他认为，把注意力放到对访问国的描写方面，这对读者来说要更容易理解一些。在这种描写中，他有意介绍了动物的生活方式、风景描写、地质考察以及个人的印象。在达尔文写完日记的时候已经是6月份了，他给自己放了一次假，启程到了什鲁斯伯里。

在《一个博物学家的日记》末尾，在加拉帕戈斯群岛的情景又一次在达尔文的脑海里呈现。然而物种起源这个更加严峻的问题又一次摆在他的面前。他认为，应该像赖尔那样，论述观点之前先收集好充分的事实然后再加以证实。达尔文正如他所奉行的那句箴言那样，广泛地收集相关事实并与一些有经验的专家们保持着密切的联系。7月份，他开始着手第一本物种起源方面的著作的写作。

在此期间，达尔文做的两场地质报告，受到了地质界的好评。以前达尔文从来没有这样忙过，但是为了科学事业他又不得不这样。他曾经期望着航行结束后能够回到故乡与父母姐妹生活在一起，但现在看来，这样的想法是根本不可能变为现实的。几个月以来，他只能从百忙中抽出很少的一部分时间回到家与家人团聚。

达尔文来到伦敦，在赖尔的细心帮助下，对《"贝格尔"号的动物学》一书的材料进行分类整理之后，工作才得以顺利进行，赖尔在此起了很大的作用。那些曾经反对过达尔文观点的植物学家们的态度开始有所转变，对达尔文有了好感。

由于印刻《"贝格尔"号的动物学》一文中的统计表和插图需要花很多钱，于是达尔文决定向政府申请补助金，以此来作为出版这篇论文的开支。让达尔文吃惊的是，政府无条件地接受了达尔文的请求。

达尔文天性喜欢把自己融入大自然中，他喜欢在大自然的广阔空间里自由自在地漫步。但现在这种享受般的生活已经离他远去了，很难再有这样的生活了。由于伦敦多雾，另外一个原因是他在1837年的秋天因为工作过于疲劳，使他的健康不如往昔——消化不良、头晕眼花和易受刺激，这些都使他不得不与社交活动告别了。

人们对于达尔文患病的原因有不同的看法。有人认为，在"贝格尔"号还未起航时，达尔文在德文港患的心悸很可能是患病的原因。但这种看法未必正确，因为不管在海上晕船多么厉害，时间多么久，它也不是在陆上长期患病的原因。达尔文的父亲认为达尔文在瓦尔帕莱索所患的病是长期生病的主要原因。虽然当时的医学还没有查出所有的病因，但是，达尔文在后来的生活中每逢体质减弱时，疾病就会再次出现。根据医学诊断表明，病原体潜伏在达尔文的体内。

达尔文在繁忙中仅仅休息了一个月，但是在此期间，他也并没有完全处于休息状态，他先后到了什鲁斯伯里和梅尔，甚至还去怀特岛拜访了福克司。在梅尔期间，时令属于深秋时分，他在地质学会做了一个《关于腐殖土在蚯蚓作用下的形成》的报告。从他的航行历程来看，我们首先认为达尔文是一个广义上的"博物学家"，但是他把很多时间却花费在地质学方面。他从航行当中带回了那么多佐证赖尔观点的东西，以致他能在很短的时间里就做出令许多人感兴趣的报告。

由于达尔文对地质方面的研究也会有一定的帮助，因此地质学会打算聘请达尔文为他们的学会秘书。在很长一段时间里，达尔文一直没有接受这个邀请，因为他觉得秘书工作要花费大量的时间，而这会把自己的地质学著作耽搁。但是，1838年2月16日，由于盛情难却，达尔文还是欣然地接受了这项工作。

在1837年冬至1838年期间，达尔文首先考虑的是他在"贝格尔"号旅行时所搜集的动物学和地质学方面的材料，并且在当时连关于物种问题的笔记的评语也都准备了。达尔文在从福克司那里得知关于某些动物杂交的情况之后，就写信给福克司，希望有朝一日，他能在物种和变种这一最复杂的科目上有所作为。

对于进化的论证，地理方面的事实也为其提供了相应的证据。达尔文提出，为什么在特定的地方就出现某一种特定的动植物，如羚羊在非洲而袋鼠却在澳洲？当然，这并不能说万物由两个创造者造成的。其真正原因是它们的始祖居住地不同。这不能不使他提出关于现代的贫齿动物和灭绝的贫齿动物之间的种属问题。达尔文在笔记中写道："我认为，在南美洲的大懒兽弟兄，可能是所有犰狳的祖先。"但是，"灭绝的种类是否总要留下后代呢？"他在笔记中接着指出："物种的繁殖就如个体的繁殖一样，如果不能进行个体繁殖，它就没有后代。"他指出："古生的马在一个地方留下了后代，这就是现在还生存着的美洲斑马，而在北美洲，它却已经灭绝了，没有留下后代。"这就很自然地提出了这样的问题：物种的灭绝取决于什么呢？他把新的想法记了下来："物种的灭绝取决于它是否能适应不断变化的客观规律，如果能够适应它就生存，反之就会灭绝。"

对于人来源于动物这一说法并没有使达尔文、赖尔以及其他同时代的许多人产生厌恶感。

达尔文在用进化论说明所有生物的历史发展时，同他在物理学和

天文学方面的状况都进行了对比。达尔文认为，他的理论不可能不受到外界的驳斥。

在这一时期，达尔文不断地向自己提出进化原因的问题，而且对这一问题他已经有了十分肯定的答案，他不必再怀疑了。达尔文认为必须研究生物的适应性以及生物各方面的属性，才能弄清进化的原因。如果他的理论被证实的话，他想在他的面前将会展现出科学进一步发展的广阔前景。

1838年上半年，尽管达尔文身体状况不是很好，他还是对自己旅行期间所从事的动物学和地质学做了详细的总结。由于身体不舒服，所以达尔文便决定在剑桥住几天，同时正好会会他的那些朋友。晚上他住在亨斯洛那里，那里时常聚满了人。达尔文在这里认识了教阿拉

※苏格兰一景

伯语和犹太语的李教授，并拜访了地质学家塞治威克。

达尔文在剑桥这段时期的休养，对他的健康是十分有帮助的。在身体康复后，他到苏格兰旅行，从格拉斯哥出发，到了英威涅斯山谷，住了八天，研究了类似罗埃河谷的地质学上的阶地。这里的天气非常好，从浓雾弥漫的伦敦来到这里，置身于苏格兰的大自然中，达尔文感到特别愉快，他非常欣赏这里美丽的晚霞。他在给赖尔的信中说，他从来都没有像来到罗埃河谷时的心情那样感到如此愉悦过。

同年夏天，达尔文回到伦敦。在此之后，达尔文写了一篇关于这些阶地的论文，发表在伦敦皇家学会的《会报》上。然而他在这篇文章中得出的结论是错误的，后来达尔文一直为这件事感到羞愧。这篇文章，成了他在得出结论时用排他法的一个教训。在他之前的科学家如劳格、迪克和马卡洛克都认为，罗埃河谷的阶地是一些湖泊的沉积物，它是由一些山岩和冲积层构成堤坝后形成的。达尔文驳斥了"湖泊"理论，他认为岩石和水都不能截住水流，唯一可以解释的就是海的运动。后来达尔文用冰川块构成的堤坝来说明这些阶地形成的原因。

达尔文用这点进行辩解的理由是：在17世纪40年代，整个冰川的地质活动还很少被说明，至于在苏格兰所遇到的那些漂石，根据赖尔的解释，它们是在漂浮的冰块上经过大海而被带到这里来的，由此"巨漂砾"这一名称就这样产生了。

下半年，达尔文便开始了《珊瑚礁》一书的编写。他采用了赖尔的做法，把每天的工作分成两部分。工作完毕后，出去散散步或者办点事，舒缓一下精神，劳逸结合，回来后便继续干活，然后去赖尔曾带他去过的"雅典神殿"俱乐部吃午饭，并且与那里的会员开心地畅谈他们所感兴趣的事。

1838年10月，达尔文有幸阅读了马尔萨斯的《人口原理》。看完之后，达尔文感到大为吃惊，因为他明白了：在某些情况下，有利的变异力求被保存下来，而不利的变异却被消灭。其结果可能就是新物种的产生。他继续说："于是在这里我终于得到了一个可以帮助我工作的理论。"达尔文在谈论关于鸵鸟的灭绝和保存时，关于适者生存的理论在此时即将得出，或许，没有马尔萨斯的帮助，达尔文自己也会得出这个理论来。

人生的幸福与不幸

尽管达尔文环球航行归来后，工作方面的进展都很顺利，但是在伦敦的孤单生活仍然使他感到非常苦恼。达尔文也希望过安宁、舒适的生活。随着年岁的增长，他越来越希望有一个属于自己的家。因此，成家也成为他不得不考虑的问题。

关于结婚究竟是有利还是不利，达尔文做了很多方面的考虑。他认为有利的是孩子（如果上帝赐予的话）、永久的同伴（老年时的伴侣）、诱人的音乐和令人迷醉的同女人的闲聊；不利的是：如果因孩子多而迫使自己去挣钱糊口的话，那就会花去很多时间。

达尔文对上面提到的有利的一面进行了进一步的思考："如果得不到亲近朋友的同情，那工作还有什么意思呢？对一个老年人来讲，还有谁能比妻子儿女更亲近的呢？"于是，他得出结论说："上帝呀！要是像一只无性别的工蜂那样，只知劳动，而一无所获地度过一生，那简直是不堪想象的。不，不应当这样！"于是在他的想象中出现了这样一幅情景：一位殷勤温柔的妻子坐在沙发上，一个幸福的家庭，还有许多书籍，可能还有音乐，幻想中的一切都是那么的美好。

最终，"结婚"就成了达尔文要求证明的结论。达尔文的这种对个人幸福的憧憬在1838年底实现了。当时达尔文二十九岁。

1838年11月11日，这一天是达尔文生命中值得记忆的一天。他当时在梅尔，向表姐埃玛·韦季武德求婚，并得到了她的同意。埃玛聪明、美丽、温柔。达尔文十六岁那年到梅尔乔赛亚舅舅家过暑假，开始了两人间纯洁、珍贵的友谊，无论是达尔文的父亲和姐妹们，还是乔塞亚舅舅和他的全家都满意这桩婚事。他们这两家的关系本来就够密切的了，埃玛的哥哥不久前同达尔文的姐姐卡罗琳·莎拉结了婚，现在则更为密切了。由于达尔文近来同他的哥哥和卡罗琳相处得非常友好，因此达尔文也常常让赖尔夫妇分享自己的幸福。

达尔文在给未婚妻的一封信中说："任何人任何时候也没有像我这样幸福，或者说像您那样善良。我能使您真正地相信，在离开梅尔很久以后，我还认为，我没能畅快地表达我是多么感激您啊！这一点我是常常想到的；我发誓要使自己成为一个非常好的人，以便多少能够配得上您……我主要担心的是，在像梅尔那样众多而友好的伙伴中度过了您的全部生活以后……您会认为……我们安静的夜晚将使您感到枯燥乏味……我亲爱的埃玛，我怀着极其温顺而感激的心情吻您的双手，这种心情充满了我的幸福之怀，我的最大的愿望就是成为配得上您的人。"

埃玛在给她的姨母西斯蒙迪夫人的信中表达了自己对达尔文的情感："当您向我询问达尔文的为人时，我认为他好的地方，我连一半也没有告诉给您，因为我担心您会有所怀疑……他在上星期四又同姨母范妮回来了，并在星期日向我求婚，这完全出乎我的意料，因为我想，我们将保持像过去那些年彼此所具有的友谊，而不是像在此事之后将发生的情况。我太难为情了，整天都充满了幸福感，因为家里客人很多，除了父亲、伊丽莎白、卡罗琳外，我们谁也没有告诉。亲爱的姨母，我希望您能看到他快乐的眼泪，大家对达尔文的评价很高……晚上我到了他们的房间，我们坐了很久，一直谈到很晚；我感到饿了，达尔文会到厨房去拿乳酪，找到了一块小白面包、两块牛油和一把小刀，还给我们做了一盘精美的小菜……我从前就知道，他（达尔文）是一个襟怀极其坦荡的人，每句话都表现他的真正思想。他是一个令人非常喜爱的人，他对自己的父亲和姐妹们非常有礼貌，他的性格非常温和……我感到高兴的是，他是一个积极肯干的人……

我感到我每天的生活都是幸福的，达尔文很喜欢梅尔这个地方：我相信，只要可能，他随时都准备到农村去……我并不像姨母萨拉那样，达尔文不喝酒，这一点我并不在乎，我倒认为，这一点还是令人高兴的。对于我命运中这个真正的转折我本不想告诉您，但是我迟早总得让您知道……休息一阵之后，我本已动身去做礼拜，但我发现，我变成了一个白痴，于是又半路返回。"

这时候，达尔文变得更加忙碌

※达尔文的妻子埃玛

了。每天早晨他都要写关于南美洲鸟类的生物学著作，他还得一个人单独或得同哥哥伊拉兹莫斯一起去逛伦敦大街，看看有没有出租的房子，以便他在同埃玛结婚后能够住在那里。赖尔夫妇当时也对达尔文的住房特别关心，想尽快帮助达尔文解决这个问题。

埃玛到伦敦去帮助达尔文寻找房子，同他一起去看戏。最后在上高尔街选中了一套油漆得很漂亮的房子，这座老房子之所以吸引了这对年轻人，主要是因为它有一个小花园。之后，达尔文便和埃玛把东

西搬到了那里。

1839年1月29日，他们在梅尔举行了婚礼，之后，这对年轻人很快就去了伦敦。

婚后的最初一段时间里，达尔文夫妇把很多时间用于接待来访客人、到最亲近的人和熟人那里赴宴和回访他们的熟人。达尔文同埃玛结成了伉俪后，达尔文夫妻之间互敬互爱，埃玛为丈夫的事业献出了自己的一切。

扎德教授在描写达尔文这位热情的主人时，给予了埃玛很多的赞誉，说埃玛当时给客人们留下了很好的感觉："我不知道有谁在同她接触时而能不被她的个性迷住的。谁能够忘记与她见面时那种亲切的握手和在离别时那种温柔地、长时间地不断抚摸手掌的情景，而最主要的是，谁能忘记她那引起面部整个表情变化的诱人的微笑……人们在回首往事时往往忘记哲学家深奥的哲理，而想起主人的热情好客。"

令人担忧的是，达尔文的身体状况越来越不好，因此他不得不到梅尔和什鲁斯伯里休养一段时间。1839年底，达尔文添了一个儿子。

他对儿子的观察后来反映在他写的《论感觉的表现》这本书中。父亲爱孩子的情感是如此的强烈，以致连他本人都觉得有点意外。

但是，事情也有不幸的一面。达尔文结婚以后，埃玛一共生了十个孩子。其中，长女安娜·伊丽莎白，次女玛丽·埃莉诺和最小的儿子查理·弗林均幼年夭折。虽然他的其他七个孩子有幸长大，但都患有这样或那样的疾病。他的二儿子乔治、三儿子弗朗西斯、五儿子霍勒斯后来都成了著名的科学家，可是他们兄弟三人和终生未嫁的四女儿伊丽莎白均患有不同程度的精神病。乔治特别喜欢谈论别人的病痛；弗朗西斯被达尔文称为"忧郁的小伙子"；霍勒斯总说自己有病；伊丽莎白多疑，有时用装病来引起父母的同情。其他三个孩子：长子威廉、三女儿亨利埃塔和四儿子伦纳德，虽然没有明显的精神病症状，但他们婚后都没有留下后代。

进化理论的建立

之后，达尔文继续整理自己的地质论文，尤其是对《珊瑚礁的构造和分布》和《南美洲的巨漂砾和冰川》的整理。他在地质学会做《关于某些火山现象之间的联系》的报告，他研究《贝格尔号动物学》的鸟类部分，鸟类学家在耳路德对这些南美洲的鸟进行了鉴定和描写。

在此之前，达尔文一直没有停止过从事关于物种和变种的研究工作。1841年1月，他写信给经验丰富的养禽专家福克司说："您把各种动物通过杂交所产生后代的记述寄给我，我感到特别开心。"达尔文请求福克司，如果他那里有杂交的非洲猫死去的话，请把它的尸体装在一个小盒子里寄过来，以便于得到它的骨骼。达尔文还请求将由杂交而生出来的鸽、鸡或鸭也寄来。这些东西在达尔文的眼里都是宝贝，比得到任何东西都更有价值。

1841年初，达尔文的《珊瑚礁的构造和分布》终于问世了。这部著作的成书情况是非常有趣的。在这部著作中说到了达尔文所使用的不同于他的其他所有著作的那些方法和特点。第一是高度的概括性：他寻求并且找到了最能充分说明被考察

※中年时的达尔文

现象的内在规律；第二是内容的广泛性：他掌握了研究对象的所有细节；第三，他并没有吹嘘他在总结时所遇到的各种困难，不但如此，他好像预先就在寻找这些困难，为的是去克服它们，对它们加以专门解释，从而预防人们可能向他提出各种反驳意见；第四，他能从各个方面观察他所研究的对象，在对这些东西进行考察时，他既是地质学家和地貌学家，又是动物学家。

总之，他是一个广义上的博物学家。虽然达尔文在"贝格尔"号考察的行动中所获得的资料是非常有限的，对于某些解释的地方是比较模糊不清的，但是广大的读者还是对达尔文在此次航行中能够克服各种艰难险阻的精神表示敬佩，对于达尔文的思想，读者是相信并且是比较接受的。

在《珊瑚礁的构造和分布》这部著作的第一章里，达尔文记述了他考察的环形岛、珊瑚岛。关于这些岛屿的起源问题，达尔文曾经有过一些没有根据并且很不正确的假设。他描写了他亲自研究过的环形岛基地，描写了暗礁外缘的珊瑚，以及围成礁湖的珊瑚式的藻类地带、礁湖本身、下沉到礁湖底层的深积物以及靠吃淤泥和珊瑚生存的动物，描写了暗礁和小岛屿的变化

情况。他特别强调指出，所有这些为数极多而又分布极广的岛屿露出海面并不高，而如果从礁石的表面算起的话，海洋通常是很深的，这样形成环形岛的基地就需要有很大的陡坡。

在该书的第二章里，达尔文还谈及到了堡礁，宽阔的水道和礁湖把它们和陆地分离开来。他以围绕一个岛屿或一个群岛堡礁的若干例子表明，堡礁的形状和结构非常近似环礁的形状和结构。为了比较详细地介绍堡礁的形状和结构，为了让读者阅读起来更加轻松，达尔文还运用了一些平面图来进一步解释。

在第三章里，主要谈的是岸礁，它们距陆地比堡礁近得多，而且在它们与海岸之间，并没有像礁湖那样深的深水地区。

达尔文在第四章里详细地叙述了珊瑚礁的成长。他在这里论述了珊瑚礁生长的有利条件，譬如说珊瑚礁的生长的速度以及形成暗礁的珊瑚虫生活的深度。对于他所有的论断来说，最为重要的一点是，这些珊瑚虫在低于最低限的深海中不能茁壮成长。

第五章在该书中有着重要的意义。达尔文批判了过去关于环礁在喷火山口或在由沉积物水下浅滩

上形成大群岛的假设，最后形成了他自己的学说。他认为，堡礁是由岩礁形成的，而环礁是由堡礁形成的。这种形成，一方面是通过陆地缓慢下沉，另一方面是通过暗礁的珊瑚增高来进行的，而这种增高过程就是让珊瑚在阳光、氧气和水的运动都极其有利的条件下生活的。为了阐释自己的思想，达尔文运用了简略而又直观的示意图来说明这一点。

在最后一章里，达尔文对珊瑚结构类型的分布情况做了详细的说明。并且他在地图上用不同的颜色

表示这一分布情况：深蓝色表示环礁的分布情况，浅蓝色表示堡礁的分布情况，而红色表示岸礁的分布情况。达尔文根据自己的理论，用蓝色表示他假设的下沉部分，红色表示升高部分或定态部分。从地图上我们就可以一目了然地看清这些东西。

1842年，达尔文曾到过梅尔和什鲁斯伯里，并很有可能在那里小住了几天。正如他后来在回忆时所说的：在这段美好的日子里，关于物种起源完整理论的概要终于成稿。《概要》的手稿后来藏在唐

※达尔文塑像

恩庄园里一个楼梯下面的壁橱里，这个壁橱没有装其他东西，后来达尔文把他不想销毁的东西都放在这里。手稿放在这里一直没被人发现，直到达尔文死后十四年，他的继承人拆毁庄园想重建时才发现它。手稿看起来是非常有趣的，所以达尔文的儿子弗朗西斯在纪念达尔文一百周年诞辰时把它加上注释并出版了。要做到这一点是非常不容易的，因为《概要》是达尔文仓促写成的，而且有的地方涂涂抹抹，再加上是用铅笔写的，经过这么久远的年代，有些文字已经分辨不清了。《概要》行文简约，因此很难读懂。在《概要》的一开头，达尔文就用几行字非常清楚和准确地表达了关于变异的思想。

达尔文从使他感到不舒服的烟雾弥漫的伦敦来到农村，在梅尔、什鲁斯伯里从事这项工作。在这里，达尔文感到空气是新鲜的。达尔文本应让自己休息一下，但是，他已习惯于工作，而在这里他只是改变工作的题目罢了。可能是因为撰写地质论文的细致工作使他有些疲倦，他需要把这一工作暂且搁置。他非常喜欢思考和修改关于物种的笔记。他深信，物种总是变化的，一些物种可以演变成另一些物种，但他也知道，这种意见可能会遭到强烈的反对，目前还存在着一些问题。对所有这些困难都要进行分析，困难到什么程度，他自己清楚。无论在任何情况下，他都不会再相信物种是可以创造的，这是个非常严肃的问题。他要写出一本一本公正诚实的书，以此来表达自己的信念和自己所有的疑虑。因此，应当比较明智地做事，应当从不致吓跑读者、从读者能够同意的东西开始。而任何一个只要稍微懂得一些畜牧业和有植物栽培经验的人都会知道，人是如何在有力地改变着动植物，培育出大量的新品种。为什么人能够改变动植物，而动植物不能够被自然界所改变呢？首先应该说，人在培育新品种时使用的手段，实际上就是自然界在创造那些变成物种的生物时所用的手段。如果用这样的形式去阐述进化思想，读者也许就不会抛弃这本书，并对自然界中各种形态进化可能产生一定的兴趣。然后就举出赞成和反对各种物种都起源于共同的祖先这一学说的证据。然而，最重要的是，未来的"提纲"也正是由于这一论断而确立的。

因此，最重要的是为了杂交要挑选畜牧家希望发展的最好种畜，这对于培育出新品种是十分有利的，而并不是杂交本身有什么意义。在许多发芽的植物当中，即使它们是出自于同一果壳，植物栽培学家也会把最符合他意愿的优良的植物留作种子，人就是用这一手段来培育新的变种、变族或品种的。但是，为了选择，必须从什么东西中挑选，使优良的动植物能传宗接代，而使劣质的动植物后代尽可能被淘汰。在这里，他想起了不久前读过的米勒的书，上面说：在同一时间生下来的孪生子女，很显然在母体中是生活在同样的环境中，受到同样的影响，然而往往在诞生时就有很大差别了。就是同一窝崽子，在色彩和品质方面也会有差别，尽管它们生活的条件看起来完全一样。同样，平常用同一个果壳里的种子，种在同样的土壤里，在同样的条件下，却会长出彼此不同的植物。正是利用这一差别，植物栽培学家们才从中选择了优良品种，并在下一代中继续培育。

实际上，人们在早期生活中早已经开始运用"变异是伴随着繁殖的过程而进行的"这一规律了，只是我们人类并没有发现而已。

为什么人们用不同种类的动物作种畜，而用不同种类的植物作种子呢？因为人们希望它们的后代会表现出优良的特点来。

除了保持得到的已被加强的新品质外，还要防止与不具有这种属性的类型进行杂交的影响。如果杂交是偶然的或自由的，杂交物一定会失去其优秀的特征。在《概要》中，达尔文提到了以上所有的怀疑。

达尔文提出了影响生物的两种方法。第一种是外部条件的直接影响，例如营养对动物生长的影响；第二种是间接的，如肥猪的出现是由于在市场需要的压力下，人通过

※双胞胎姐妹

选择小的变种培育出采购动物油脂的商人所需的特种猪。

由于人类不管这些物种是否适应生存，而只选择对人有益的物种，却从来不对物种的变异进行判断，因此，这就暴露了人工选择的不足之处。

所以，他只概括性地指出了"改变家养生物的各种原理"，他后来称之为"人工"选择。同生殖有关的变异为选择提供了可能性，原因是从事选择的人，把选择出的生物特征固定下来并积累起来。他后来尝试把这些原理用于自然界中的野生类型。虽然当时达尔文还认为，变异在自然界中比在家养状态中要少，但他后来搜集的材料否定了他的想法，达尔文才明白自然界中的变异并不少。当然，受环境的直接影响，自然界中的巨大变化也应该在生物中表现出来。

虽然，在平常的生活中，人类的选择看起来和自然界的选择之间是毫无关联的，但是达尔文知道，他将要面对两种主要的反对意见：一是差别的大小；二是家养的变种彼此杂交的生育力优良的情况和自然界的物种杂交的不育情况。这迫使他花去很多时间来研究在物种相互杂交时不育的问题。他在《概要》中证明，不育的情况在物种的特征方面以及在种族杂交方面都有所体现。相反，在物种杂交时却往往有生育力，但是还存在各种程度的不育情况，也就是说，这里存在着各种过渡阶段。对于人类器官的发展和动物的适应性，他也感到迷惑不解，是什么样的因素使得这些事物变得由简单发展到复杂的呢？

达尔文花了很多精力对本能化发展这一问题进行研究。他所要告诉人们的不是本能是如何起源的，而是要向人们揭示本能从简单到复杂逐渐发展的过程。他认为，复杂的本能是由两个因素形成的：第一是由天生变化形成；第二是由习惯形成。之后，达尔文对人工选择和自然选择的比较做了总结。

1842年，达尔文的自然选择的进化理论已经初步建立。在此进化论中，达尔文引证了大量的事实和材料。由于达尔文当时并没有找到足够让人感到信服的材料来论证自己的观点，因此，他的思想很难得到人们的认可。在当时，达尔文只不过是以一位初露锋芒的地质学家的身份出现在科学界的，因此并没有受到很多人的关注。

关于《物种起源》

达尔文一生中最光辉的年代是1859年。有关生物的基本思想是在他乘"贝格尔"号做环球旅行时产生的。二十多年来，通对大量事实的研究和收集，经过冥思苦想和艰苦劳动，最终达尔文在僻静的唐恩将这些思想整理成书。这些思想相当有条理，有时以简略的归纳、有时以系统的叙述表达出来，有时又以最详尽的著作形式出现，最后则展现在广大公众面前。而且，这些成果肯定会引起公众的讨论，受到他们的评论。这些评论中有赞赏和惊讶，但是也不缺乏不怀好意和不公正的评价。

《物种起源》一书的出版，不仅对达尔文个人具有历史意义，而且使19世纪50年代至19世纪70年代大批学者对生物界的观点和对人在生物界中的地位的观点开始有所转变。因此，达尔文的《物种起源》被誉为19世纪自然科学的三大发现之一。这种转变就像在16世纪时哥白尼指出地球在宇宙中的位置而实现的转变一样。但在此以前，为捍卫达尔文这一进化论学说，学术界已经进行了十年的尖锐斗争。在十年的斗争过程中，达尔文思想以及他本人，常常受到粗暴的、恶毒的和不公正的攻击。

达尔文是一个非常谦和的人，甚至对自己的对手也十分有礼貌。他的一些朋友和拥护者却经历

◇ 图 说 名 人 ◇

名人名言

我在科学方面所做出的任何成绩，都只是由于长期思索、忍耐和勤奋而获得的。如果说我有什么功绩的话，那不是我有才能的结果，而是勤奋有毅力的结果。

——达尔文

※达尔文像

了最激烈的斗争时刻。但是，不管这些人的作用多么大，达尔文越来越多的拥护者所使用的武器，还是他那部不断有翻新版本的出色著作《物种起源》。这部著作不知不觉地击倒了各个对手，坚定了动摇分子的信念。与此同时，越来越多的人开始在寻找真理中接受达尔文的思想，成为达尔文思想的信仰者，成为达尔文的朋友。

文如其人，《物种起源》一书的风格是"一个长的论据"。在整个进化论理论中都用到了《物种起源》中的内容，尤其是用来论证对这种进化原因给人以最完美说明的自然选择理论。这部书是根据1842年和1844年《概要》中所拟定的那个明确的、有逻辑性的提纲所写的。

达尔文从人工选择转到自然选择，"生存斗争"是自然选择代替人工选择的主要原因。就理论的难点来说，达尔文还有一些问题尚未解决：一是变种如何成为物种，二是为何没有过渡期。在《物种起源》一书中，他提出并深入地研究了"中间类型的性状分歧和灭绝原理"。达尔文认为，近似类型之间的生存斗争特别激烈。竞争者的生活方式和特性越相似，彼此之间的竞争就越激烈；反之，随着新的不同特性的获得，竞争也逐渐减弱。达尔文在《物种起源》一书中引用了许多有说服力的例子。

达尔文先是设想变种的起源，后设想物种的起源，从而总结了中间类型的性状分歧和灭绝的原理。他构思了一个例子，叫作狼-鹿-羊食物链。一只狼如果想生存就必须捕食鹿和羊。这样就要求它既要跑得快，又要力气大。强者生存，那些既跑得不快，力气又不大的狼就必然会被淘汰。这就是达尔文的理论核心。

同样的情况我们在进行人工选择时也可以看到：如果产生出某一个新品种，它就会把自己的先辈排挤掉。达尔文认为，自然界发生的情况也是这样的，如果在一个种群内部生存斗争很激烈，最终保存下来的都是在某方面有专长的极端类型。物种后代差异越大，彼此间习性和特征的区别越大，则在自然界中争得的空间就更多。之后，达尔文对于这一理论的其他难点也进行了论述。

※英文稿《物种起源》

ON

Benj BWarfield
1871

THE ORIGIN OF SPECIES

BY

MEANS OF NATURAL SELECTION,

OR THE

PRESERVATION OF FAVORED RACES IN THE STRUGGLE
FOR LIFE.

BY

CHARLES DARWIN, M.A., F.R.S.,

AUTHOR OF "JOURNAL OF RESEARCHES DURING H. M. S. BEAGLE'S VOYAGE ROUND
THE WORLD," ETC., ETC.

FIFTH EDITION, WITH ADDITIONS AND CORRECTIONS.

NEW YORK:
D. APPLETON AND COMPANY,
549 & 551 BROADWAY.
1871.

达尔文用当时的几个例子表明，即使是在这里他也能够而且也需要承认，由简单的事物发展成为复杂的事物，都需要循序渐进。达尔文证明，即使是现在也不可能找到一些生物拥有现代另一些动物身上存在着的、向更完善的器官过渡的器官。达尔文在自然界中找到一些过渡的例子来阐述这些复杂本能的发展情况。

《物种起源》的特点就是达尔文对自己的理论做了长达几章的批评。在该书中，达尔文非常诚恳地坦言上述理论中的难点，不像那些坚持自己观点的作者那样，不去理会这些难点；而且让自己的对手找出自己在理论和结论方面的弱点，并预见到一切可能提出的异议。然而，达尔文并未使这些异议留在脑海中，他总是对这些异议加以分析，并努力使那些难点与自己理论的论点一致起来。正是由于多年来达尔文一直遵循的一条原则，"一个科学家越是诚实，对自己越要求严格，那么别人要想反对他就越困难"，所以这本书才得以成功。华莱士对达尔文曾经有过这样的评价：达尔文从来没有得到过暂时性的成功，但是成功本身总是跟随着他。

之后，达尔文谈到通过选择

来得到足以说明进化理论的证据。不管地质记录是多么零乱，各种生物在出现时间方面的连续是一个众所周知的事实，在达尔文看来这是和他的理论相符合的。而生物的地理分布，及生物在难点方面的不同进化情况，其难点起作用的时间越长，其进化情况就越不同，这些都证明他的理论是正确的。最后，以生物的分类、生物的体系、"性状分歧"原则的观点来解释的"系谱表"，证明了属于同一类别的各种类型所具有的一般古代性状，所有这一切都证实了他的理论。在《物种起源》一书结束的时候，达尔文得出这样的结论，那就是：物种通过自然选择而起源的理论要比创造论者的理论优越得多。

这本书仍是在1842年和1844年《概要》基本思想的基础上写成的，而且书的总体结构也几乎没有什么起伏变化，唯一的区别之处在于该书对全部材料进行了彻底的加工。《概要》中有几章做了进一步的阐述，并且由于增加了一些新的材料而使内容更加丰富了。另外几章中则选取了最具意义的材料，而其余部分则删除了；还有几处重新做了修改。相对于原来的《概要》来说，有两处比较明显的增补：一处是关于中间类型的性状分歧和灭绝原理；另一处是关于鸽子的起源。

但是，不仅是全书的大纲和思想的逻辑发展决定了这本书的风格，而且书中更为详细的叙述方法也为该书增添了不少姿色。达尔文从来没有忘记，各种类型的物种借助于自然选择而进化的观点比每个物种是由创造而产生的旧观点更加优越，达尔文认为使读者相信这一点是写书的基本目的。自然选择理论中包含了达尔文指出的几个前提以及由此得出的几个逻辑结论。这是一种复杂的理论，达尔文对每一个前提和结论，都必须积极、严肃、认真地以最有说服力的方式加以论证，并且用一些实例来做论据。此外，他还必须对理论中的困难加以阐述和分析，驳倒对这一理论的一切异议，同时也必须对这一理论的那些最重要的结论加以论证说明。所有这一切都要求对大量复杂的材料了解得相当透彻，论述得相当细致才行。否则，读者很容易被这样的材料搞糊涂，使读者忘记了某个例子在总概念中处于什么位置，在总概念中某个论断又起着什么作用。总之，由于细节繁杂，因此极易使读者感到疲倦。为了使读者能够比较容易地抓住本书的基本思路，达尔文在该书的绪论中也简明扼要地叙述了这一思路，并指出他是如何对该书划分篇章的。每一章结束时，他都对本章的内容写出一个提要并重复其主要结论。全书结束时，他写了《复述和结论》，再一次对人工选择和自然选择理论的基本原理进行了详细的阐述，还连续不断地检查了分散在全书各处的所有的异议，并且再一次集中地检查了所有论证。看来，这些论证比那些异议的说服力要大得多，所以读者自然就能得出结论来。但达尔文认为这样做还是不够的。

在每个提要的最后以及几乎在每一章的最后，达尔文都特别地加

上一句自己精心编写的结束语，在这句话里他再一次强调有关选择和进化的思想。为了使读者更加注意这些结尾部分，他常常在结尾处用大写字母写上相似要素的名称，如"变异""选择"等等。

在该书的《结论》的结尾，有这样的一句话："而且，我相信'自然选择'是最重要的因素，但不是世界上仅有的变异因素。"

第一章《在家养下的变异》的结尾是："'选择'的累积作用，无意识地、缓慢地但更有效地进行，或是有计划和迅速地进行；找出这些引起'变化'的原因，似乎是最重要的'力量'。"

※随自然环境改变而发生"变异"的雀

第三章《生存斗争》的结尾是："当我们想到这种斗争的时候，我们可以引以自慰的是自然界的战争是有间断的，而且不会感觉到任何恐惧，死亡一般是迅速的，而强壮健康和幸福的生物则得到生存和繁殖。"

第四章《自然选择》是重要的篇章之一，它的结尾是一段很长的比喻。与达尔文理论的通俗著作有关的文章经常引用这个比喻。

"我认为同一纲中一切生物的亲缘关系有时可用一株大树来表示。这个比喻是很符合实际情况的。绿色的、发芽的小枝可以代表现存的物种；数年前生长出来的枝条相当于要灭绝的物种。在每一生长期中，所有小枝都向各方生出嫩枝，企图遮盖并弄死邻近的枝条。在物种群的生存斗争中，各物种时时刻刻都在战胜其他的物种。巨枝分为大枝，再逐步分为愈来愈小的枝，当树幼小时，它们都曾一度是生芽的小枝；这种新旧芽由分枝相联结的情景可代表分群后现有的和灭绝的物种。当这株树仅仅是一株矮树时，也许只有两个或三个小枝被保留下来，成长为大枝，并且负担着其他的枝条；同样生存在久远的地质时代的物种，只有少数物种遗留下现在变异了的后代。从树开始生长的时候起，许多巨枝和大枝都已经枯萎脱落了。这些枯落了的、大小不等的枝条，可以代表那些没有现存代表的、已成为化石状态的全目、全科及全属。比如在某些地方我们可以看到，在已成为废物的旧树枝上生出的细小枝条，由于偶然还在顶端生长着；我们可以看见鸭嘴兽或鱼之类的动物在某种程度上的物种延续了下来，在竞争中得以幸免被淘汰。生出的新芽，健壮的则分出枝条遮盖和压倒四周较弱的枝条。所以我认为，这巨大的'生命之树'在其传宗接代中也是这样的，用它的枯落的枝条填充了地壳并且用它的分生不止的美丽枝条遮盖了地球表面。"

第六章是《学说的难点》，这一章的结尾部分也特别引人注意。这里达尔文极其巧妙地把居维叶以模式统一法则和生存条件法则所表达的神学论原则和唯心论原则变为自己理论中的话，使其变为因果关系的话。他把模式统一看作是遗传作用和自然选择的结果，因为自然选择使生物变异，使生物无论何时都适应"生存条件"。

这一章的绪论是这样写的："人们都承认，一切生物是依照两个大法则即'模式统一'和'生存条件'形成的。模式统一是指我们在同纲生物里看到的，与生活方式毫无关系但构造上基本相似。生存条件法则，实际上源自器官本身受到外界生活条件的直接影响，且在任何情况下都受生长和变异各法则的支配。因为通过以前的变异和适应的遗传把'模式统一法则'包括在内了。"

第八章本能，被他删去了许多关于复杂本能的例子。其实关于这方面的发展情况达尔文早就想研究了，他在《概要》一书中收录的不少例子被他删得最后只剩三个。如第一章的结尾是这样写的："有些东西，比如婴儿刚生下来就会哭着要奶吃，人渴了要喝水，困了要睡觉，这些都是属于本能而非物种进化。"

第十章在《论地质纪录的不完全》的结尾，达尔文淋漓尽致地使用了赖尔的一个比喻："我们的力量是比较小的，研究的范围也不会大，只涉及一部分地区和国家，因此我们的成果是不全面的，有些甚至是错误的，所以还需要更多的人深入考察研究。"

第十二章和第十三章谈的都是《地理的分布》。因此只是在第十三章的最后才做了总结："在我们的书里，任何的物种变化都是具有连续性的，从远古到现代它们之间都有联结性，不会中断，这种变异也是自然发展的必然结果。"

最后一章《复述和结论》的结尾部分，同时也是全书的结尾部分。全书最后一次列举了几个最重要的理论，并将主题升华到了弄清世界上一切生物的繁衍过程的层次。大自然的一切都那么美好：小河旁、大树下、花草丛中，鸟儿在林间歌唱，虫儿飞来飞去地玩耍，泥土还有蚯蚓帮它捶背；这个世界没有一件重复的物品，就像你绝对找不到两片一模一样的叶子一样；一切生物都是相依为命的，它的繁衍也是不断的，但是竞争使它们弱肉强食，最终弱者被取代，也产生了高级的动物——人，所有这一切的一切都在无限地发展着。

该书结尾的这些话更好地说明了全书的内容，因此，这些结束语是必需的。通看全篇，书中所述的内容都给人极大的空间去思考和修改，达尔文用事实论证法说服大家去相信他的观点，不强迫人去接受。读者在读他的书时就好像与他一起在旅行、考察、研究。当然达尔文自己仍不断地搜集事实去证明他的观点，他自己在渐进的过程中证明，也让人们在渐进的过程中去认识。

鉴于达尔文的书十分贴近读者

的思想，因此，他的书在很短的时间内被人们接受了，还吸引了一些追星族。人们都在茶余饭后热烈地讨论着这本书，认为它这儿好或那儿好，对自然进化给予了充分的肯定。

人们都对物种的分类问题提出了自己严谨的看法，达尔文认真虚心地倾听了这些建议和看法。

当然，也有一批人对达尔文的观点持反对意见，而且这些反对者的人数也在与日俱增。还有些人虽然不同意达尔文的理论，但对作者的不辞艰辛，对科学的执著追求给以应有的肯定；当然，有些人也发现达尔文的研究方法本身存在着一些不足，其中有许多理论不能从他收集的材料中直接得到。最后，有些信仰宗教的人对达尔文的理论持坚决否定的态度，这是可以理解

的。类似情况其他科学家也遇到过。达尔文非常明白，自己的观点在短时间内是很难被广大的读者所接受的。

历史上，每一种新观点的提出必将受到陈旧观点的冲击，因此，新观点的诞生必将引来一场难辨胜负的争议。达尔文思想的提出当然也不例外，要想让所有人接受达尔文的物种起源的理论思想还是需要一定的时间的。

知识链接

《物种起源》的意义

《物种起源》的出版是自然科学史上一个最重大的事件，因为它成了19世纪绝大多数有学问的人世界观改变的开始。达尔文发现了我们人类所居住的地球上的有机界的发展规律，从而推翻了"神创论""物种不变论"等种种谬说，第一次把生物学放在完全科学的基础上，确定了物种的变异性和承续性，在生物科学上为人类作出了巨大的贡献。无产阶级革命导师马克思和恩格斯对达尔文的工作给予了很高的评价，把他的进化论誉为19世纪自然科学上的三个伟大发现之一。

※ 达尔文雕像

1.细胞学说：19世纪30年代，由德国的动物学家施旺和植物学家施莱登提出。

2.能量守恒和转化定律：可以说是多人研究的结果。1842年，德国的青年医生迈尔，写成了他的第一篇关于能量守恒和转化定律论文：《论无机自然界的力》；1847年，英国酿酒商焦耳、德国物理学家赫尔姆霍茨分别发表各自有关能量守恒和转化定律的讲演或论文；不过，焦耳被认为是最先用科学实验确立能量守恒和转化定律的人，但焦耳和赫尔姆霍茨也承认迈尔发现能量守恒和转化定律的优先权。1853年，威廉·汤姆生帮助焦耳完成了关于能量守恒和转化定律的精确表述。至此，自然科学中的三大发现之一的能量转化和能量守恒定律宣告得到公认。

3.生物进化论：1859年，英国生物学家达尔文出版了《物种起源》，阐述了以自然选择学说为主要内容的生物进化理论，给神创论和物种不变论以沉重的打击，成为19世纪自然科学的三大发现之一。

达尔文的进化学说第一次给自然科学中的目的论以致命的打击。《物种起源》一书像一颗炸弹一样投到"神学阵地的心脏上"，引起了整个世界特别是英国保守势力和宗教神学势力的极端惊恐和狂怒，同时也极大地鼓舞了一切拥护科学的进步势力，为生物科学的进一步发展奠定了坚实的基础。

※焦 耳

达尔文虽然唯物地揭示了有机界的发展规律，但最终未能成为一个彻底的唯物主义者。此外，达尔文只承认进化是缓慢的、渐进的变化，没有质的飞跃；夸大了繁殖过剩和生存斗争的作用等等。对此，马克思和恩格斯在肯定进化论的革命内容的同时，也给予了严肃的批评。

达尔文所提出的天择与性择，在目前的生命科学中是一致通用的理论。除了生物学之外，他的理论对人类学、心理学以及哲学来说也是相当重要的。

进化论的精髓

达尔文作为19世纪研究生命史的博物学家，提出了以"生存竞争、适者生存"为精髓的进化论，这一观点对学术界甚至整个人类的思想都产生了巨大的影响。

在对地球上的生命史进行研究的过程中，我们发现：地球上虽然曾经生存过数以百万计的生物物种，但是在历史上生活过的大多数物种几乎都灭绝了。在最近五亿年以来的历史长河中，虽然某一时代的物种总数变化不大，但是物种的平均寿命却是相当短暂的，就像人类历史中个人的生命十分短暂一样。虽然现在依然生活着不少的生物物种，但是在地球上曾经存在过的所有生物物种中大约只占百分之一。

基于这个现象，我们不难发现物种的新生和物种的绝灭这两个截然相对的现象在生物进化理论中是必须加以阐释的。

在达尔文看来，无论是生物绝灭机制，还是生命

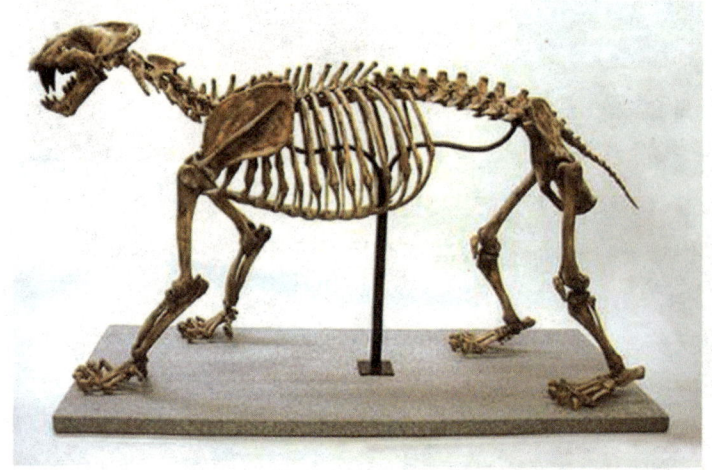

※灭绝的剑齿虎化石

产生机制，它们均受同样因素的制约。每一种生物个体都在某些方面区别于其他生物，而其独一无二的特征是可以遗传的。在这个由无数的生物个体组成的大千世界里，自然界进行着别有创意的选择，只有那些具备着某种机能特征、最能适应其生活方式的物种，才能够幸存下来并不断地繁衍，最后将优秀的品质遗传给后代。而那些不适应者最终必然走向灭亡，因此，其本身体现出来的弱势也必将消亡。当某种变化中的种群因为某种原因与主体演化趋势隔离而不能再发生杂交时，就会变成一个完全不同的新物种。以后，当这样的亲缘关系相近

的物种相遇时，二者的生死抉择的结果是适者得以生存，不适者将被无情地淘汰。

达尔文对于适者生存的自然规律是这样解释的："我想，生物界将不可避免地遵循这一规律：在时间的长河中，新的物种通过自然选择应运而生；而另一些物种则日趋减少，乃至绝灭。起源相近的生命形式，同一种群的各种变体，同一属或相关属的物种，都具有近乎相同的结构、素质和习性，通常会陷入最激烈的竞争之中。结果，造成每一个变种在演化进程中势必对最接近的族群施加最大的压力，并力求置之于死地。"

※恐龙化石

对于恐龙和其他古生物来说，即便是生活在现代的我们也不是十分地了解，而对于达尔文来说就更是了解得少之又少。事实上，早在远古时期，人类就对化石有些许的了解，尤其是介壳化石。这些化石生物虽然与现代物种截然不同，但是它们也可能仅仅代表了生物从一个种属向另一个种属演化过程中出现的一种早期形态。因此，把一种早期生命形态的消失称为绝灭也许并不恰当。但是，在历史长河中，种属灭亡的确是经常发生的，恐龙绝灭也并不例外。

按照达尔文的意见，由于失去了生存竞争的能力，因此导致了这些在6500万年前统治了地球达1亿多年的神秘动物最终绝灭。动物生存竞争的竞技场就是自然界，达尔文把它比喻成一个"由成千上万个楔子紧密排列成的弹性面，受着连续不断的敲击。有时敲到这个，有时敲到那个"。每一个楔子就像一个生物物种或变种，而每一次敲击就是自然选择的驱动力。由于每一个楔子可以往里挤的空间是有限的，所以要打进去一个就非得挤出去一个不可。

基于马尔萨斯的人口增长空间有限论，达尔文创建了种数空间有限论。达尔文在他的自传里写道："1838年10月，正是我开始进行有系统的研究后的第十五个月，我偶然读到了马尔萨斯的《人口原理》。当时，我的脑海里已经孕育了生存斗争的思想。根据对动植物生活习性长期不断地观察，我发现这种斗争无处不在。马尔萨斯的著作立刻吸引了我。在有限的空间里，只有适者才能够继续存在，而不适者势必遭到淘汰。结果形成了新物种。于是，我终于找到了一种继续工作的理论基础。"

但是，直到1858年，种数空间有限论这一思想才在他的撼世名著《物种起源》中得以发表。由于达尔文一直还想使他的理论更为完善，因此，这本书的出版才拖了这么久；正是因为年轻科学家华莱士也在思考着同样的问题并产生了同样的认识，所以达尔文才将其在该年发表。就在达尔文"出于好奇"而偶然拜读马尔萨斯的《人口原理》的二十年以后，在地球的另一边靠近新几内亚的一个岛屿上，华莱士也因为受到马尔萨斯《人口原理》的启发而产生了与达尔文同样的想法，真是无巧不成书。

华莱士在他的自传里写道："当时（1858年2月），我身患疟疾，蜗居在摩鹿加岛上的特尔纳特村，每天都要忍受几个小时忽冷忽热的煎熬。病中的我浮想联翩，物种起源问题也总是在脑海中萦回。一天，突然又想起了马尔萨斯的《人口原理》（10年前曾读过此书）及其所谓的有效控制机制——战争、疾病、饥荒、突发事故等等，这些机制可以控制野蛮民族的人口。于是我联想到，这种控制机制当然也适用于动物，使其数量不至于无限增加。但是对这些控制作用如何形成物种，我只有一些很模糊的想法。然而一瞬间，适者生存的思想闪过我的脑际。总的来说，这些控制作用将使较劣者灭亡。我想到，动植物的每个新世代都存在这样的变化，同时，气候、食物和天敌的变化也在不断地进行，物种的变化过程使我的脑际清晰起来。就这样，我在发病的两个小时里悟出了这一理论的要点。"

※新几内亚岛

进化论的主要理论

随着岁月的流逝，"达尔文主义"这个词的含义也在不断地发生变化。《物种起源》出版后最初的一段时间里，达尔文主义就是指达尔文本人的全部思想。达尔文的思想是十分丰富和具有创新性的，同时也是容易被混淆的。有一些争论就是由于混淆了这位达尔文主义始祖的思想而造成的。要弄明白什么是达尔文主义，就必须首先弄清楚达尔文本人的思想理论。

达尔文的进化论事实上主要包括五个相对独立的理论：

进化论本身。这一学说指出世界是发展式地演变的，而非固定不变的，也不是循环式地变化的。然而达尔文并不是这个理论的第一个提出者，但他把进化思想发展成有充分根据的进化学说。他在《物种起源》中提出的大多数进化证据都非常明确，使得大部分生物学家在短时间内都成为进化论者。

※达尔文的人类进化思想

达尔文主义

达尔文运用大量地质学、古生物学、比较解剖学、胚胎学等方面的材料，特别是他在环球航行期间以及研究家养动植物时所获得的第一手材料，令人信服地证明了现存多种多样的生物是由原始的共同祖先逐渐演化而来的，揭示了自然选择是生物进化的主要动因，从而使进化论真正成为科学。自然选择的主要内容包括变异和遗传、生存竞争和选择等。变异是选择的原材料，在生存竞争中，有利的变异将较多地保存下来，有害的变异则被淘汰。有利变异在种内经过长期积累，导致性状分歧，最后形成新种。生物就是这样通过自然选择缓慢进化的。英国生物学家华莱士与达尔文同时提出了类似思想，并于1889年第一次把达尔文的学说称为"达尔文主义"。达尔文主义的著名代表人物还有赫胥黎和海克尔。

共同祖先学说。达尔文明确提出所有的生物最初都是源于一个共同的祖先，之后在不断的、连续的趋异过程中，逐渐地演变为不同的种族。所有支持生物进化的证据也是共同祖先学说的证据，而共同祖先的理论又帮助人们接受进化论。这一学说能很好地把比较解剖学中的所谓结构"原型"解释为来自一个共同祖先；把生物在地球上怪诞的分布格局用祖先的散布来解释。这一学说还使分类学上的等级结构变得十分合乎逻辑。共同祖先学说把人类也归属为生物进化系谱中的一个成员，从而取消了《圣经》赋予的以及普遍认为的人在自然界中的特殊和优越的地位，这个革命性观念对于与达尔文处于同一时代的人是无法接受的。然而对于人来自猿的观点，现在已不仅可以从化石记录上得到证实，而且从生物学的其他方面也得到很多有力的支持。

渐变性进化学说。这个学说指的是生物进化并不是跳跃式或骤变式的，而总是逐渐进行的。达尔文认为进化是通过积累一系列细微、连续的有利变异而产生的，新物种是由原已存在的物种通过缓慢的过程逐渐进化而形成，而且在进化的每一阶段都保持其对环境的适应性。由于实际上所观察到的生物界普遍存在着物种之间的不连续性，地质记录也显示出化石种类的不连续性，因此为了说明这与渐进化并

祖先种产生出几个子代种的进化。只有像达尔文和华莱士那样对自然界进行过长期观察的博物学家才能充分认识到自然界中存在着这样的过程。他们观察到一个物种实际上是由一群群的个体组成，每一群都有特定的地理分布区域，而且具有一定的个体数量，个体之间往往在形态特征上互有微小差异。组成物种的任何一群这样的个体就称为种群。达尔文把种群思想引入到生物学，强调生物个体的特异性，而不把物种看作是一种无个体间差异的模式。这种思想对认识物种形成和物种增殖具有十分重要的意义。达尔文认为处于不同地理区域（如不同的海岛）的种群对物种形成是十分重要的，这样的种群往往显示出种群间比较明显的差异，可以看作是物种形成的中间阶段，再发展下去，就会成为不同的物种，从而造成物种的增殖。后来他认为在同一地理区域也有可能通过种群内个体之间的差异而导致物种的形成。虽然现在认为物种形成以及物种增殖的过程是生物进化的重要的组成部分，但这仍然是一个未完全解决的问题，而且对于这个问题还存在着不少的争议。

不矛盾，达尔文用生物性状的分歧和中间类型生物的灭绝以及化石记录不全来解释这种自然界中的不连续现象。渐变性进化理论在达尔文之前就被提出过，达尔文只是进一步发展了该理论，而且他一直坚信渐变性进化的重要性，他把毕生精力都放在了研究重建生物逐渐进化的过程上。渐变性进化是在进化论者中争议最多的进化学说之一，直到今天，渐变性进化理论一直还是人们争论不休的话题。

物种形成及增殖学说。这一学说对于生物世界的多样性以及庞大的物种数目的来源问题进行了细致的解释。物种增殖是指由一个

自然选择学说。达尔文提出来的革命性学说便是自然选择学说，这一学说是最能代表达尔文思想的

学说之一。它涉及进化演变的机理，以及如何通过这样的机理使生物界的各类生物都表现出机体上的和谐与对环境的高度适应。自然选择不仅否定任何超自然的作用，而且还否定在生物界中存在任何形式的决定论与目的论，从而认为生物世界的任何部分都是自然界通过选择而完成的杰作。达尔文的自然选择学说也是以种群思想为基础的，他认为自然选择的对象是生物的个体。正是由于物种的个体间存在着适应性、生存和生殖能力上的差异，使得自然选择可以进行。通过自然选择，就会造成"适者生存发展，不适者被淘汰"。自然选择使得生物世界千姿百态、奇妙无穷，使得生物世界表现出完美的和谐，即生物彼此之间具有相互依存的密

切关系以及生物对自然环境的高度适应。自然选择的观点引起了有神论的强烈反对，而且进化论者中对自然选择的作用也一直存在着激烈的争论。虽然这个学说经历了不少的大起大落，但是自然选择学说依然是达尔文主义的最为中坚的成分。与达尔文的进化论相比，拉马克的进化论在进化本身、渐变性进化这两方面是与达尔文的进化论相同的或相似的，而其他三个方面则是达尔文的进化论所特有的。拉马克认为进化是一种直线上升式的演化，强调生物的自我完善；达尔文则认为进化是一种分枝式的演化，强调自然选择。对于进化的遗传机制，达尔文和拉马克都相信获得性状遗传，但达尔文只是把其作为一种次要的辅助机制而已。

※自然选择

最后的日子

<big>达</big>尔文在一生中的最后十年里，健康状况比以前有所好转：他已能像从前那样不间歇地工作，他通常所感到的那种午前的疲倦或身体不适感已经消失了。最后几年他是在他所信任的和能使他焕发朝气的医生恩德留·克拉克的看护之下生活的。不过看得出来，他的体力已在下降，而且他在给自己朋友的一些信中抱怨说，他已无法开始进行

※碳酸铵

预计要用整整几年时间才能完成的新的考察，然而这些考察却是唯一能使他感到快乐的事情。

1881年7月，他从乌尔苏奥捷尔回来后，就给华莱士写信道："……我不能去散步，一切都使我疲倦不堪，即使观赏风景也是如此……我将怎样利用这有生之年呢，我愿周围的人都能幸福，但生活对我已变得异常艰难了。"

1881年秋，他大量研究了碳酸氨对植物的根部和叶子所起的作用，但是到了年底，他的颓丧情绪又加剧了。

1881年12月13日，他到自己女儿亨里埃塔（嫁给利奇菲尔德律师）家里去。在那里，他想拜访罗马内斯，可是在楼下他的心脏病猝发了。

1882年1月末，他的病情加重。在2月末和3月初，心脏疼痛更加频繁，而且心动过速的现象几乎每天都出现。3月8日，当他沿着他所喜爱的沙滩散步时，他的心脏病又猝发了，他勉强走到家门口。从此他就不敢远离家门了。达尔文感到身体特别虚弱，已经无法工作，更多的是同埃玛一起坐在自己的花园里赏花，倾听鸟鸣。

达尔文的老朋友赫胥黎特别关

※晚年达尔文和妻子埃玛

※贝尔法斯特城市一角

心达尔文，希望所有的医生能经常对达尔文进行精心地护理。

3月27日，达尔文给他写信说：

亲爱的赫胥黎：

您那封极亲切的信对我确是一种强心剂。今天，我觉得比过去的三个星期要好一些，而且现在我也没有感到任何疼痛。您的计划看来是非常好的，所以，如果我的健康会大大好转的话，我将要谈到它。克拉克医生对我是无比地亲切，请他再来一次就好了，但是他太忙了。亲爱的老朋友，请您再一次接受我的诚挚的谢意吧。

我诚恳地希望，世界上再多一些像您这样的"自动物"就好了。

永远是您的达尔文

最后这句话幽默地暗指赫胥黎的演说《论运行是自动物的假说》，这个演说是他1874年在贝尔法斯特英国科学协会的会议上发表的。

4月15日，达尔文在进晚餐时突然感到晕眩。他想走向沙发，却浑身无力地倒在地上。17日，他的病情再度好转。他的妻子在日记中写

道："天气晴好，他做了一些轻微的工作，两次在户外，还在花园里散步。"18日夜，子时左右，他感到身体严重不适，并且昏倒了。苏醒过来后，他叫醒妻子。大概感觉到死亡逼近，他说道："我一点也不怕死。"还对妻子和孩子们说了几句温存的话："只要一有病就受到您的服侍。"

1882年4月19日下午4点，达尔文在夫人埃玛的怀里停止了呼吸。埃玛和子女们一边向亲友发出讣告，一边着手准备葬礼。达尔文的遗愿是埋葬在唐恩村的家庭墓地中，与哥哥伊拉兹莫斯和夭折的大女儿安妮葬在一起。他的家人和村民们也都希望他能长眠在他已生活了四十多年的土地上。

但是其他人则认为，以达尔文的成就应该为他举行国葬，埋到

✳威斯敏斯特大教堂

英国的先贤祠——威斯敏斯特大教堂。第二天，英国的报纸纷纷发表评论，呼吁把这位"自牛顿以来最伟大的英国人"与牛顿等人埋葬在一起，供后人凭吊。有一家报纸还指出，早在十五年前，普鲁士国王已授予达尔文爵位，英国女王却没有这么做，以至达尔文死时还是一介平民，不能以"爵士"的头衔下葬，难道不该以入祠祀奉来弥补英国对其"第一儿子"的不公平待遇吗？（后来达尔文有三个儿子被陆续授予爵士头衔）也有报纸评论说，达尔文要比已埋在威斯敏斯特大教堂的许多政治家更属于那里，因为"与这位震撼世界的思想家的成果所产生的巨大影响相比，日常政治的喧嚣大部分不过是尘土一般的贫乏"。

在媒体的呼吁声中，皇家学会会长给达尔文的家人写了封信，请求他们同意达尔文入葬威斯敏斯特大教堂。达尔文的邻居、林耐学会会长兼议员约翰·鲁巴克收集了二十八位议员的签名，向威斯敏斯特大教堂主教请愿。正在法国访问的威斯敏斯特大教堂主教甚至还未收到议会的请愿书，就已发电报表示同意让达尔文入祠。

葬礼于4月26日举行。埃玛没有出席葬礼，留在了唐恩家中。十

详细地记录了11世纪诺曼征服者威廉侵占英格兰的过程。传说为威廉王后玛蒂尔达亲织，画中共有1152人和72幕场景）上看，这座老教堂建有中心塔楼、交成十字横线的两侧耳堂和铅板屋顶。

威斯敏斯特大教堂是由"忏悔者"爱德华扩建，并于1065年被封圣。亨利三世为了纪念爱德华，发誓建立一座哥特式的、更加威严的教堂，致使原来的结构所剩无几。从13世纪到16世纪，英格兰的国王们个个为其设计献力，结果把它弄成了各种风格的大杂烩。如此观察，它与今日的英国王室倒是相配——他们也是出自大量不同的祖源，而长久以来都将威斯敏斯特大教堂作为"教区本堂"来举办婚丧仪式和加冕典礼。但恰如丹·布朗在《达·芬奇密码》中的描述，威斯敏斯特大教堂既非大教区的主教堂，也不是教区里的教堂，而是人们所知的王室专属的教堂，行使管理的教长与其法规都要由王室决定。虽说平面图上标明入口在堂前左侧，实际上它设在了教堂侧面的北耳堂。

英王"忏悔者"爱德华应教皇利奥九世的请求，将威斯敏斯特大教堂敬献于圣彼得。来自法兰西诺曼底的威廉一世(征服者)，是首位在威斯敏斯特大教堂荣受加冕的国王。经过黑斯廷斯战役，他击败了英王哈罗德二世。他的加冕典礼于1066年的圣诞节那天举行，英格兰本地居民拥聚门前欢呼庆贺。神经质的诺曼人错误地理解了这一场面，威廉在整个典礼过程中惶惶唯恐丧命。加冕结束，诺曼士兵对人群发动攻击，还焚烧了周围的一些房屋。这种举动对始终不得安稳的英法关系来说，自然毫无改善。

自此之后，王室的加冕礼即在威斯敏斯特大教堂举行，包括现在伊丽莎白女王在内的英国历朝历代君王，除了爱德华五世和爱德华八世两位外，无不是在威斯敏斯特大教堂加冕登基，登上王位的。就是百年之后，也都长眠于教堂内。

18世纪上半叶，英国建筑家尼古拉斯·霍克斯穆尔建造了教堂西端的双塔。1875年起，教堂正面由英国建筑师、哥特复兴式建筑风格运动的领袖人物乔治·吉尔伯特·斯科特整修。这位沉湎于哥特式建筑风格的建筑师在承担修复工作时，常因傲慢地毁掉许多精美的非哥特式作品而引起时人的争议。不过，这种作风对威斯敏斯特大教堂来说未尝不是一件幸事。

据说，英国资产阶级革命护国主克伦威尔被杀后，头颅挂在威斯敏斯特大教堂尖顶上61年。

　　作为英国中世纪建筑的主要代表，威斯敏斯特大教堂的建筑风格和特点虽然在马拉松式的建造年代中不断地推移变化，从诺曼式、哥特式，一直到早期文艺复兴的式样，不过它的基本特色仍属于哥特式，所以历经七百多年的修葺而犹能保持原貌，实在多亏了斯科特这样的建筑师。

　　威斯敏斯特主要由教堂和修道院两大部分组成。教堂平面呈拉丁十字形，主体部分长达156米，本堂两边各有侧廊一道，上面设有宽敞的廊台。本堂宽仅11.6米，然而上部拱顶高达31米，是英国哥特式拱顶高度之冠，因而本堂总体显得比例狭高，巍峨挺拔。耳堂总长62米，与本堂交会处的4个柱墩尺寸很大，用以承托上部穹顶。穹顶以西是歌唱班的席位，以东是祭坛。教堂西部的双塔高达68.6米。平衡本堂拱顶水平推力的飞拱横跨侧廊和修道院围廊，形成复杂的支撑体系。教堂东端，即教堂中轴线的末端，原是圣母礼拜堂，后来被毁坏了。16世纪初，在这个位置上建起了一个规模更大的礼拜堂，即著名的亨利七世礼拜堂，这是英国中世纪建筑最杰出的代表作品，由罗伯特·渥都设计。礼拜堂本身就是一个小教堂，有独立的本堂和两边侧廊，陵寝设在一端。其巨大的扇形垂饰和宛如倒挂着的晶莹华美的钟乳石拱顶，均设计大胆、构思巧妙、拱形图案别具一格，是整个建筑中最精彩的地方。室内墙上满布壁龛，龛内共立有95个雕像。这座礼拜堂装饰华丽精美，被认为是"所有基督教国家中的至美之所"。在教堂内还有许多像亨利七世礼拜堂这样地献给死去君主的建筑，威斯敏斯特大教堂内别有洞天，使人惊叹不已。如祭坛东端的圣·爱德华礼拜堂，其中央的爱德华祠墓建于1269年，是世界各地香客的朝圣之处。主祠周围还有亨利三世及其他国王祠墓，形成了各个时代的雕刻博物馆，尤其是东端的亨利五世墓堂更以雕饰华美著称。建筑教堂的初衷就是将它作为英国国王的墓地，事实上，从亨利三世到乔治二世的二十多位国王的确都葬在了这里。在圣·爱德华礼拜堂西侧有著名的爱德华一世加冕宝座，它高踞于祭坛前面的高台之上，宝座下有一块称为"斯库恩"的圣石，它原是苏格兰国王传统的加冕座位，是其权力的象征。1297年，爱

德华一世将它带到了伦敦。此外，教堂还是英国国王加冕和王室成员举行婚礼的地方。可以说，教堂是一部英国王室的史书。

在教堂的祭坛前面的尖背靠椅，是供历代帝王在加冕时坐的，据说那是件自七百年以前一直使用至今的古董。椅子坐板下有一块大石头，被称为"命运之石"，它是爱德华一世在13世纪掠夺来的。原来，这是苏格兰王登基用的，苏格兰不时有人发起要把这块石头取回去的运动。1996年，这块苏格兰人的至宝又回到了它的家乡。

教堂内，还有一座特殊的小礼拜堂。说它特殊，是因为这座小礼拜堂不是献给君主的，而是献给勇赴国难者——牺牲于"不列颠之战"（1940年秋季发

※ 爱德华三世的画像

生的英德空军之战）的皇家空军战士的。小礼拜堂的彩色玻璃上绘有当年参战的68个空军中队的队徽。这为满目的皇家奢华中注入了一股刚健悲壮之气。

在教堂或具有特别纪念意义的建筑物中，大都会专为杰出的人物划出一席之地。正如法国的名人葬在先贤祠，英国的名人在身后才有幸进入威斯敏斯特大教堂。他们或被埋葬在教堂内，或者在此竖立纪念碑。这里有一些著名政治家、科学家、军事家、文学家的墓地，其中有丘吉尔、牛顿、达尔文、狄更斯、布朗宁等人的陵墓。耳堂南端的"诗人角"就是诗人和作家墓祠的荟萃地。这里还有著名的第一次世界大战时的无名战士的陵墓。所以，这里墓室累累，纪念碑林立，堪称英国著名的历史文物陈列馆。而且，这些祠墓和纪念碑在建筑上还有一个妙用：有效地避免了教堂中轴线上气势非凡的纵深可能产生的枯燥感。教堂南侧是修道院，创建于13世纪，是一个方形庭院，周围设有开敞的拱廊，拱廊周围另有许多附属建筑物。此外，修道院庭院东南一侧，还有宝库厅和地下小教堂。后者为一长方形厅堂，现为寺院博物馆，馆内陈列着国王、王后和贵族们在葬礼中放置在无盖棺材中供人凭吊的雕像。这些雕像都是根据死后面容模制下来的，造型真实生动。其中以爱德华三世（1312—1377）的雕像最为古老，以英国海军中将纳尔逊子爵的雕像最为精致。这位被誉为"海洋权威的化身"的英国历史上最杰出的海军指挥官曾在一次海战中大败拿破仑，从而最终导致拿破仑滑铁卢的失利。教堂的柱廊恢宏凝重，拱门镂刻优美，屏饰装潢精致，玻璃色彩绚丽，双塔巍峨高耸，整座建筑既金碧辉煌，又静谧肃穆，被认为是英国哥特式建筑中的杰作。

威斯敏斯特大教堂是历代国王加冕登基、举行婚礼庆典的地方，也是英国的王室陵墓所在地。最后一个在这里举行葬礼的王室成员是已故的戴安娜王妃。

名抬棺者中除了鲁巴克、一名威斯敏斯特大教堂的教士外，还包括一位代表科学界的皇家学会会长，一名伯爵和两名公爵代表政府（其中一位是达尔文的母校剑桥大学的校长），还有美国大使代表外宾，以及达尔文最亲密的、还健在的三位朋友。

植物学家约瑟夫·虎克、自然选择理论的共同发现者华莱士、古

生物学家赫胥黎也都出席了达尔文的葬礼。

送葬者中包括伦敦市长，皇家学会、林耐学会和其他科学学会的会员们，以及各国、各界代表。

没有人觉得把这位提出动摇了基督教世界学说的人埋葬在大教堂里有什么不妥。《时报》甚至评论说："该大教堂需要这个葬礼甚于该葬礼需要大教堂。"进化论与基督教的冲突似乎已成为历史。英国基督教领袖们趁机在世人面前展示他们的宽容。《旗帜报》宣称："真正的基督徒能够像接受天文学和地质学一样接受进化论的主要科学事实，而不会对更古老和珍贵的

※达尔文雕像

达尔文（1809-1882），英国近代博物学家，进化论的奠基人。
株洲电业局捐建

Charles Darwin（1809-1882），a British naturalist and founder of evolutionism.
—— Donated by Zhuzhou Electric Power Bureau

信仰产生任何偏见。"高教会派的报纸《晨报》声称："我们无法欣赏他的理论的全部，但是我们能够敬佩他的生活。"《教会时报》则干脆说达尔文是一名"基督教绅士"。几年之后，开始出现谣言声称达尔文临终前忏悔放弃了进化论，这个谣言至今还能在传教宣传品中看到。

事实上达尔文死时不仅不信神，甚至对基督教极其反感。他生前不愿公开他的宗教立场，一方面是因为他不愿参与争端，另一方面也是因为他认为不信神的立场只适合于有教养的人，让普通大众接受无神论的时机还不成熟。但是在私下场合，达尔文并不隐瞒他反对基督教的立场。这有他晚年写的自传为证。在自传中，他用一章专门阐述自己的信仰，批驳各种有关上帝存在的证据，认为没有任何理由相信上帝存在，并介绍了自己唾弃基督教的经过。他甚至抨击基督教的教义"真是一种可诅咒的教义"。

达尔文还写了自传，但是他写自传的目的是给其子女看的，并没有打算发表，所以写得非常坦率，以致在其死后（1887年）发表时，在埃玛（一位虔诚的基督徒）的要求下做了大量的删节，直到1959年才得以完整地出版。如果达尔文对基督教的抨击在其生前就被公开，英国基督教领袖们对他是否还会如此宽容，他是否还能入葬威斯敏斯特大教堂？无论如何，达尔文大概是大教堂祀奉的第一个"罪人"。

※达尔文雕像